중간지원조직 위탁

정보화사업

사회복지시설

평생교육시설

청소년수련시설

문화예술시설

관광시설

체육시설

민원콜센터

폐기물처리시설

생활폐기물 수집운반

상수도시설

공공하수도시설

2025
전국 지방자치단체 관광시설 운영현황

2025 전국 지방자치단체 2025. 09.

민·관 협업사무 운영 현황
| 관광 시설 |

한국민간위탁연구소
Korea Contracting-out Institute

한국민간위탁연구소는 정부에서 운영하는 민간위탁 공공서비스의 효율성 향상을 위해 설립된 연구기관입니다. 민간위탁은 성과지향형 공공서비스제공 공급방식의 하나로써 더 나은 정부, 더 효율적인 정부로 가기 위한 제도입니다.

세상의 모든 사물은 세상의 변화를 수용해야 합니다. 민간위탁 사무 또한 운영 목적이나 사회적 가치변화를 수용해야하기 때문에 지속적으로 변화해 왔습니다. 현행 민간위탁 사무의 유형은 공익적 성격과 사익적성격의 사무가 혼재되어 스펙트럼이 다양합니다. 시대적 흐름과 환경변화에 맞는 민간위탁사무는 갈수록 커뮤니티거버넌스형(CG) 공공서비스 제공방식으로 변화되어 가고 있습니다.

이를 효율적으로 관리하기 위해서는 민간위탁의 본질을 이해해야 하는데, 대표적인 영문표기가 contracting out인 것처럼 구매계약 또는 외주계약으로 계약에 관한 전반적인 프로세스를 이해하고 계약관리능력이 필요한 제도라는 것을 이해해야 합니다. 민간위탁 과정은 먼저 민간위탁을 위한 추진계획을 수립한 후 지방의회의 심의를 거쳐 민간위탁 선정심의위원회의 선정과정을 통해 최종 민간위탁 사업자를 선정하게 됩니다. 이 과정에 민간위탁 업체선정을 위한 계약법검토, 조례제정 또는 개정, 적정 위탁비용 산정, 위탁 후 성과평가 결과 적용을 위한 지표개발 등 세부적이고 전문적인 연구결과를 통한 의사결정 자료가 필요하게 됩니다. 이러한 연구결과는 민간기업이 공공서비스를 제공할 때 지속적인 품질 개선을 유도함으로써 서비스경쟁력을 향상시키고, 지자체는 효율적인 예산운영을 통하여 과대 또는 과소예산으로 인한 사회적 비용을 감소시키며 재정운영의 건전성을 증대시키는 효과가 있습니다. 이와 같이 민간위탁만을 연구해온 저희 연구소는 다양한 연구를 통해 얻은 노하우를 바탕으로 좀 더 선진화된 민간위탁 의사결정 자료와 효율적인 운영방안을 제안하는 역할을 수행할 것입니다.

연구소장 배성기

주요연구분야	연락처
공공서비스디자인(Public Service Design)	전화 : 02 943 1941
민간위탁관리(Contracting Out Management)	팩스 : 02 943 1948
사업타당성검토(Project Feasibility)	이메일 : pami@pami.re.kr
정부원가계산(Government Cost Accounting)	홈페이지: www.pami.re.kr
정부보조금정산(Government Grant Accounting)	
공공서비스성과평가(Public Service Performance Evaluation)	
사회적경제기업(Social Economy), 사회적가치평가(SROI)	
조직 진단(Organizational Structure Design)	
공공관리혁신(Public Management Innovation)	
사회기반시설 자산관리(Infrastructure Asset Management)	

2025 전국 지방자치단체 「민·관 협업사무 운영현황」은 이렇게 발간되었습니다.

1. 조사개요

　민·관 협업은 학계와 실무계를 불문하고 사회 각계각층이 이 주제의 중요성을 인식하고 처방적 대안 마련에 관심을 쏟고 있음에도 민간위탁 케이스별 연구만이 주로 되어 왔습니다. 또한 사회적 현상을 기반으로 공공서비스의 유형을 공공서비스, 준공공서비스, 선택적 공공서비스 등으로의 구분하고 공익성의 정도에 따른 관리기법 및 예산운영 방법 등을 심도 있게 연구한 연구문헌이 부족한 상황입니다.

　민·관 협업형 공공서비스는 국민들과의 최접점에서 공급되는 공공서비스로 지속적으로 성장하는 국민들의 공공서비스 수요를 반영하고 개선하기 위해서는 다양한 주제와 분야별로 지속적인 연구가 되어야 합니다. 하지만 이러한 연구를 하기 위한 기초적 통계자료가 없다는 것은 실로 놀라운 일이 아닐 수 없습니다.

　따라서 본 조사는 전국 243개 지자체 전부를 대상으로 민·관 협업사무 현황을 분석하기 위해 지자체의 민간경상사업보조(307-02), 민간단체 법정운영비보조(307-03), 민간행사사업보조(307-04), 민간위탁금(307-05), 사회복지시설법정운영비보조(307-10), 사회복지사업보조(307-11), 민간인위탁교육비(307-12), 공기관등에 대한 경상적 위탁사업비(308-13), 공사공단 경상전출금(309-01), 민간자본사업보조 자체재원(402-01), 민간자본사업보조 이전재원(402-02), 민간위탁사업비(402-03), 공기관등에 대한 자본적 위탁사업비(403-02), 공사공단 자본전출금(404-01) 예산을 조사한 후 해당사무별 업체선정방법, 개별조례 유무, 원가산정기준, 서비스(성과)평가 유무, 수탁기업 현황 등에 대한 정보공개요청을 통해 현황을 조사하였습니다.

　본 조사를 통해 얻을 수 있었던 것은 동종의 민·관 협업사무라도 운영예산규모, 업체선정기준, 개별조례유무, 위탁비용 산정기준, 서비스(성과)평가 유무 등이 같지 않다는 것을 알 수 있었습니다. 이를 검증하기 위해서는 심도 있는 연구가 수행 되어야 하겠으나 이런 비교결과조차도 유의미하다고 생각됩니다.

　전국 지자체 민·관 협업사무 통계조사의 효용성은 첫째, 유사 민·관 협업사무의 운영예산 확인을 통한 예산운영의 적정성을 판단할 수 있는 기준자료, 둘째, 개별조례 유무 확인을 통한 제정 및 개정 용이, 셋째, 적정 비용 산정기준 확인, 넷째, 성과평가 기준 확인, 다섯째, 민간위탁기업명 확인을 통한 경쟁력 있는 기업선정 기초자료 확보 등과 같습니다.

　상기와 같은 조사를 통해 궁극적으로 얻고자 한 것은 「건전한 긴장관계 유지」입니다. 전국 민·관 협업사무 운영현황을 통해 사무의 종류와 예산의 규모, 협업 수행 기업의 종류와 유형이 공개됨으로써 민·관 협업사무를 추진하는 입장에서는 선택의 폭이 넓어질 것이고, 서비스를 받는 국민의 입장에서는 서비스기업 간 경쟁시스템이 올바르게 갖추어져, 좀 더 체계적이며, 경제적이고, 만족할 만한 공공서비스가 제공 되어질 것입니다.

현 통계 조사의 한계점은 지자체에서 민간이전(307), 자치단체등이전(308), 전출금(309), 민간자본이전(402), 자치단체자본이전(403), 공기업전출금(404) 예산으로 운영하는 사무를 총괄하여 나열하였으나 해당 사무의 예산 편성시 다른 예산항목 사업으로 편성하여 혼재되어 공개된 사무가 다수 존재합니다. 이는 향후 관리자 교육을 통해 민간위탁 사업의 정확한 이해를 기반으로 해당사무 운영 기본 조례 제·개정과 함께 해당 사무가 운영될 시에 해소가 될 것으로 판단됩니다.

본 현황분석은 한국민간위탁연구소의 열 번째 전국단위 민·관 협업사무 운영현황 통계조사를 한 것으로서 미흡한 부분이 다소 존재합니다. 하지만 전국 민·관 협업 서비스 발전을 위한 기초 연구자료로써 중요한 역할을 할 수 있을 것을 기대합니다.
도움을 주신 전국 민·관 협업사무 담당 공무원분들께 감사드립니다.

〈주요 분야 조사결과〉

(자료요청기관수: 245개 지자체 / 단위: 백만원)

분야	2023년 기준 예산	2024년 기준 예산	2025년 기준 예산
하수도	2,148,373	2,224,146	2,418,765
상수도	-	2,552,021	2,708,947
생활폐기물 수집운반	1,956,510	2,137,423	2,638,934
폐기물처리시설	638,846	1,168,608	1,235,285
민원콜센터	-	69,450	75,904
체육시설	478,701	866,072	992,137
관광시설	150,187	180,118	203,502
문화예술시설	323,826	504,846	593,449
청소년수련시설	181,774	242,673	245,763
평생교육시설	-	96,335	118,617
사회복지시설	-	2,220,947	2,478,048
정보화사업	-	703,826	707,663
중간지원조직	-	397,602	502,325

2. 조사기간 : 2025년 6월 ~ 2025년 9월

3. 조사결과

〈관광시설 분야 조사결과 종합〉

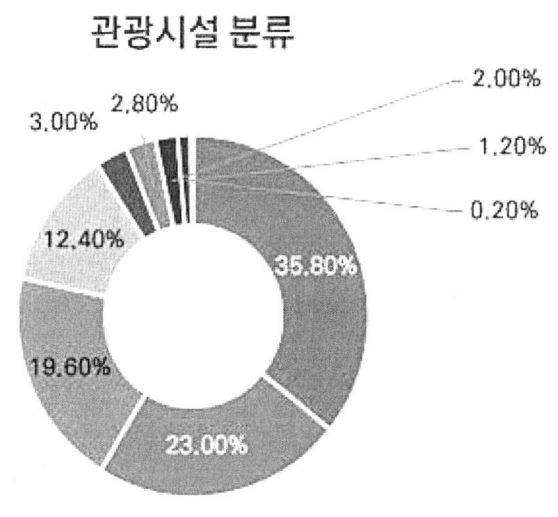

순위	문항	응답 건수(건)	백분율(%)
1	관광단지	179	35.80
2	기타	115	23.00
3	관광지	98	19.60
4	관광객이용시설업	62	12.40
5	관광숙박업	15	3.00
6	여행업	14	2.80
7	관광편의시설업	10	2.00
8	테마파크업	6	1.20
9	국제회의업	1	0.20

〈 2025년 관광시설 분야 시설별 분류 통계 〉

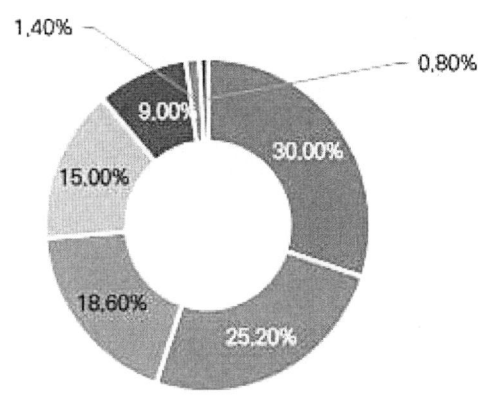

- 공기관등에대한경상적위탁사업비(308-13)
- 민간경상사업보조(307-02)
- 공사공단 경상전출금(309-01)
- 민간인위탁교육비(307-12)
- 민간위탁금(307-05)
- 민간행사사업보조(307-04)
- 민간단체 법정운영비보조(307-03)

순위	문항	응답 건수(건)	백분율(%)
1	공기관등에대한경상적위탁사업비(308-13)	150	30.00
2	민간위탁금(307-05)	126	25.20
3	민간경상사업보조(307-02)	93	18.60
4	민간행사사업보조(307-04)	75	15.00
5	공사공단 경상전출금(309-01)	45	9.00
6	민간단체 법정운영비보조(307-03)	7	1.40
7	민간인위탁교육비(307-12)	4	0.80

〈 2025년 관광시설 분야 민간이전 분류 통계 〉

계약체결방법

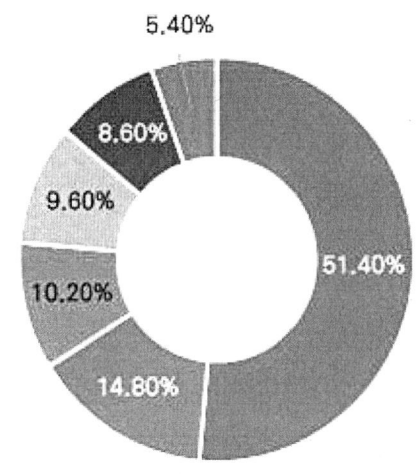

■ 해당없음　■ 법정위탁　■ 일반경쟁　■ 수의계약　■ 기타　■ 제한경쟁

순위	문항	응답 건수(건)	백분율(%)
1	해당없음	257	51.40
2	법정위탁	74	14.80
3	일반경쟁	51	10.20
4	수의계약	48	9.60
5	기타	43	8.60
6	제한경쟁	27	5.40

〈 2025년 관광시설 분야 계약체결방법 통계 〉

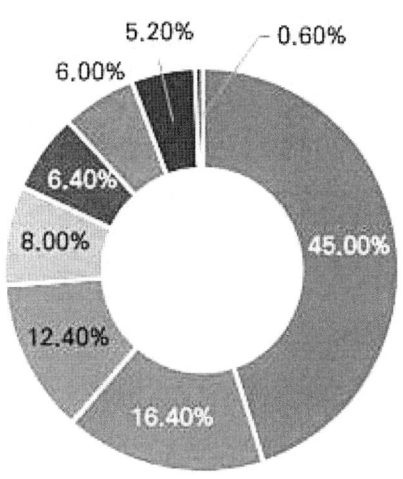

순위	문항	응답 건수(건)	백분율(%)
1	해당없음	225	45.00
2	1년	82	16.40
3	3년	62	12.40
4	단기계약(1년 미만)	40	8.00
5	기타	32	6.40
6	2년	30	6.00
7	5년	26	5.20
8	4년	3	0.60

〈 2025년 관광시설 분야 계약기간 통계 〉

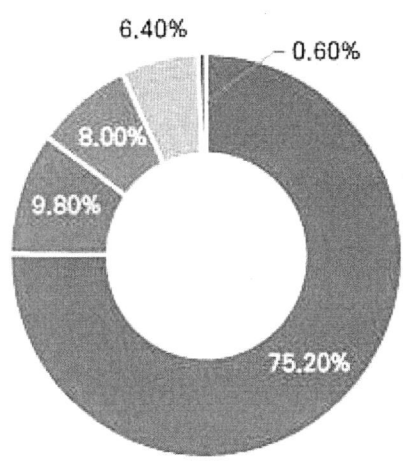

순위	문항	응답 건수(건)	백분율(%)
1	해당없음	376	75.20
2	적격심사	49	9.80
3	협상에의한계약	40	8.00
4	기타	32	6.40
5	최저가낙찰제	3	0.60

〈 2025년 관광시설 분야 낙찰자 선정방법 통계 〉

운영비 산정

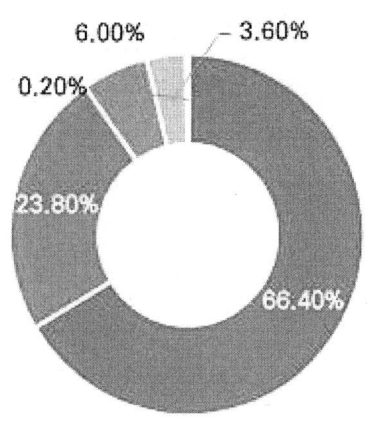

- 내부산정(지자체 자체산정)
- 해당없음
- 외부산정(외부전문기관 위탁)
- 내·외부 모두산정
- 산정 안함

순위	문항	응답 건수(건)	백분율(%)
1	내부산정(지자체 자체산정)	332	66.40
2	해당없음	119	23.80
3	외부산정(외부전문기관 위탁)	30	6.00
4	내·외부 모두산정	18	3.60
5	산정 안함	1	0.20

〈 2025년 관광시설 분야 운영비 산정 통계 〉

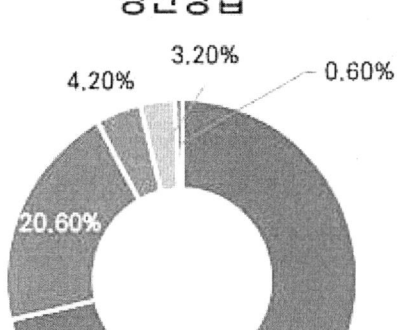

순위	문항	응답 건수(건)	백분율(%)
1	내부정산(지자체 자체)	357	71.40
2	해당없음	103	20.60
3	내·외부 모두 수행	21	4.20
4	외부정산(외부전문기관 위탁)	16	3.20
5	정산 안함	3	0.60

〈 2025년 관광시설 분야 정산방법 통계 〉

성과평가 실시여부

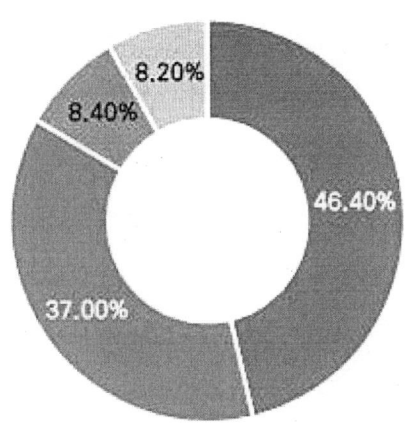

■ 실시 ■ 해당없음 ■ 미실시 ■ 향후 추진

순위	문항	응답 건수(건)	백분율(%)
1	실시	232	46.40
2	해당없음	185	37.00
3	미실시	42	8.40
4	향후 추진	41	8.20

〈 2025년 관광시설 분야 성과평가 실시여부 통계 〉

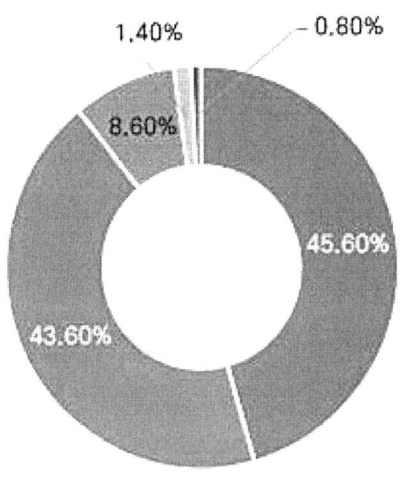

순위	문항	응답 건수(건)	백분율(%)
1	해당없음	228	45.60
2	매년	218	43.60
3	계약기간만료전	43	8.60
4	기타	7	1.40
5	격년	4	0.80

〈 2025년 관광시설 분야 성과평가 주기 통계 〉

성과평가 실시방법

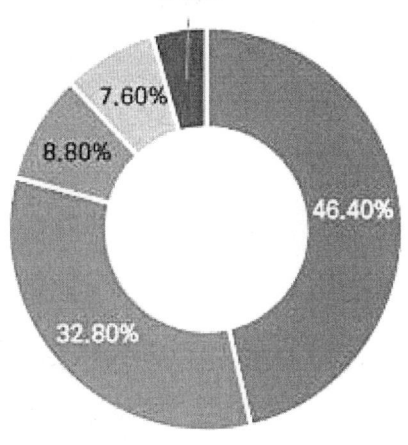

■ 해당없음　■ 자체 실시　■ 전문 평가기관 의뢰　■ 전문위원 섭외(평가단 구성)　■ 기타

순위	문항	응답 건수(건)	백분율(%)
1	해당없음	232	46.40%
2	자체 실시	164	32.80%
3	전문 평가기관 의뢰	44	8.80%
4	전문위원 섭외(평가단 구성)	38	7.60%
5	기타	22	4.40%

〈 2025년 관광시설 분야 성과평가 실시방법 통계 〉

평가기준 적용방법

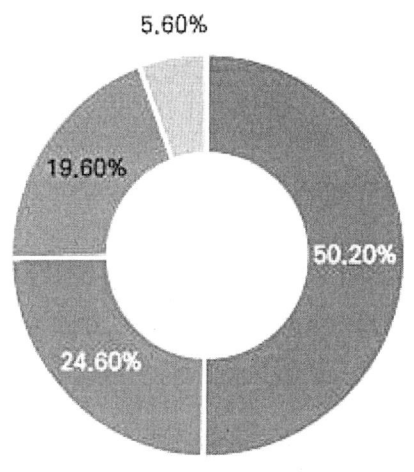

■ 해당없음　■ 관련 지침/조례 적용　■ 기타　■ 전문 평가기관 의뢰

순위	문항	응답 건수(건)	백분율(%)
1	해당없음	251	50.20
2	관련 지침/조례 적용	123	24.60
3	기타	98	19.60
4	전문 평가기관 의뢰	28	5.60

〈 2025년 관광시설 분야 평가기준 적용방법 통계 〉

인센티브 및 패널티 적용여부

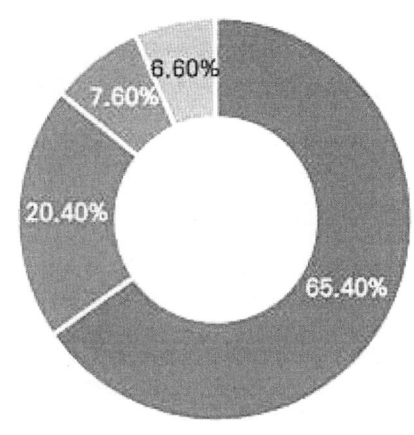

■ 해당없음   ■ 매년 적용   ■ 적용 안함   ■ 기타

순위	문항	응답 건수(건)	백분율(%)
1	해당없음	327	65.40
2	매년 적용	102	20.40
3	적용 안함	38	7.60
4	기타	33	6.60

〈 2025년 관광시설 분야 인센티브 및 패널티 적용여부 통계 〉

인센티브 및 패널티 적용근거

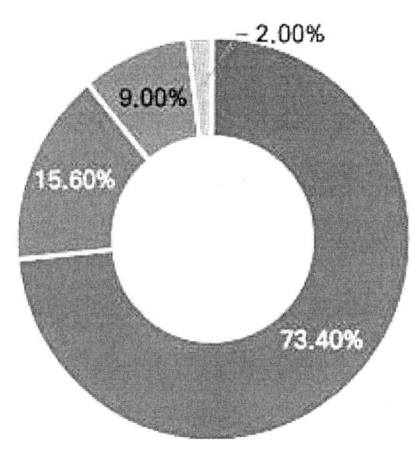

■ 해당없음　■ 조례　■ 기타　■ 계약서

순위	문항	응답 건수(건)	백분율(%)
1	해당없음	367	73.40
2	조례	78	15.60
3	기타	45	9.00
4	계약서	10	2.00

〈 2025년 관광시설 분야 인센티브 및 패널티 적용근거 통계 〉

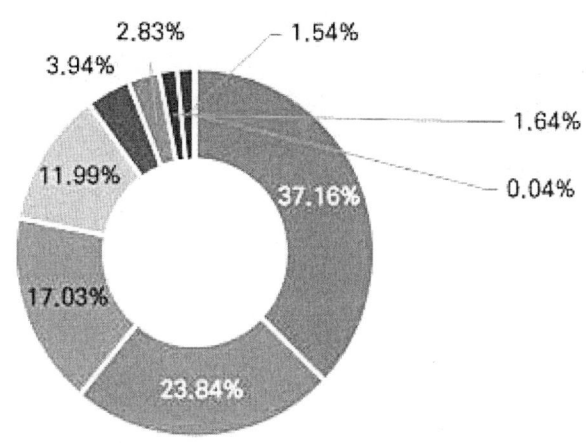

관광시설별 예산 현황

순위	시설	예산액(천원)	백분율(%)
1	관광단지	75,799,223	37.16
2	기타	48,632,724	23.84
3	관광지	34,735,872	17.03
4	관광객이용시설업	24,464,639	11.99
5	관광숙박업	8,037,037	3.94
6	관광편의시설업	5,772,449	2.83
7	테마파크업	3,340,534	1.64
8	여행업	3,143,627	1.54
9	국제회의업	71,940	0.04

〈 2025년 관광시설 분야 시설별 예산 현황 통계〉

■ 민·관협업 예산비목 설명

1) 민간경상사업보조(307-02)란 민간이 행하는 사업에 대하여 자치단체가 이를 권장하기 위하여 교부하는 것으로 자본적 경비를 제외한 보조금을 말함
2) 민간단체 법정운영비보조(307-03)란 지방재정법 제17조 및 지방보조금법 제6조제2항에 따라 운영비를 지원할 수 있는 단체 등에 지원하는 경비를 말함
3) 민간행사사업보조(307-04)란 민간이 주관 또는 주최하는 행사에 대하여 자본적 경비를 제외한 보조금을 말함
4) 민간위탁금(307-05)이란 국가 또는 지방자치단체가 법령 및 조례에 의하여 민간인에게 위탁 관리시키는 사업 중 기금성격의 사업비로서 사업이 종료되거나 위탁이 폐지될 때에는 전액 국고 또는 지방비로 회수가 가능한 사업을 말함
5) 사회복지시설 법정운영비 보조(307-10)란 주민 복지를 위해 법령의 명시적 근거에 따라 사회복지시설에 대하여 운영비 지원 목적으로 편성하는 보조금을 말함
6) 사회복지사업보조(307-11)란 주민 복지를 위해 법령 또는 조례상 지원기준에 따라 의무적으로 지출하는 보조금 또는 자치단체가 권장하는 다음 각 호의 사업을 위하여 지급하는 보조금으로서 자본적 경비를 제외한 경비를 말함
7) 민간인위탁교육비(307-12)란 법령 또는 조례 등에 따라 자치단체 사무를 위해 민간인을 위탁 교육할 경우 위탁기관에 지급할 위탁교육비를 말함
8) 공기관등에 대한 경상적 위탁사업비(308-13)란 광역사업 등 당해 자치단체가 시행하여야 할 자본형성적 사업 외의 경비를 공기관에 위임 또는 위탁, 대행하여 시행할 경우 부담하는 제반경비, 지방자치단체조합(한국지역정보개발원 등)에 위탁하는 자본 형성적 사업 외 제반 경비를 말함
9) 공사·공단 경상전출금(309-01)이란 공사·공단에 대한 자본전출금을 제외한 전출금을 말함
10) 민간자본사업보조(자체재원)(402-01)이란 민간의 자본형성을 위하여 민간이 추진하는 사업을 권장할 목적으로 민간에게 자치단체 자체 재원으로 직접 지급하는 보조금을 말함
11) 민간자본사업보조(이전재원)(402-02)이란 민간의 자본형성을 위하여 민간이 추진하는 사업을 권장할 목적으로 민간에게 국비 또는 시도비를 시도 및 시군구에서 지급하는 보조금
12) 민간위탁사업비(402-03)란 자치단체가 직접 추진하여야 할 사업으로서 법령의 규정에 의하여 민간에 위임 또는 위탁, 대행시키는 사업의 사업비, 국가 또는 지방자치단체의 위임사무에 수반하는 경비로서 지방자치단체 이외의 타에 지급하는 교부금을 말함
13) 공기관등에 대한 자본적 위탁사업비(403-02)란 광역사업 등 당해 자치단체가 시행하여야 할 자본 형성적 사업을 공기관에 위임 또는 위탁, 대행하여 시행할 경우 부담하는 제반경비를 말함
14) 공사·공단자본전출금(404-01)이란 공사·공단에 대한 자본형성 또는 경제개발을 위하여 지급하는 전출금을 말함

자료출처 : 행정안전부, 2025년도 지방자치단체 예산편성 운영기준 및 기금운용계획 수립기준(2024. 7.)

목 차

7. 관광 시설 ········· 1

서울
서울특별시 ·········1
성동구 ·········1
도봉구 ·········1
노원구 ·········1
마포구 ·········1
서대문구 ·········1

부산
중구 ·········1
남구 ·········1
사하구 ·········1

대구
대구광역시 ·········1
중구 ·········1
북구 ·········1
수성구 ·········1
달서구 ·········1
달성군 ·········1

인천
인천광역시 ·········1
강화군 ·········2
중구 ·········3
부평구 ·········3

광주
동구 ·········3
서구 ·········3

대전
대전광역시 ·········3
동구 ·········3
유성구 ·········4

울산
중구 ·········4
남구 ·········4
북구 ·········4
울주군 ·········4

세종
세종특별자치시 ·········4

경기
평택시 ·········4
동두천시 ·········4
파주시 ·········4
광명시 ·········4
고양특례시 ·········4
구리시 ·········5
의왕시 ·········5
김포시 ·········5
화성특례시 ·········5
가평군 ·········5
양평군 ·········5

목 차

강원

강원특별자치도 ·················5
춘천시 ·················5
원주시 ·················6
강릉시 ·················6
동해시 ·················6
태백시 ·················6
속초시 ·················6
삼척시 ·················6
평창군 ·················6
정선군 ·················7
인제군 ·················7
고성군 ·················7
양양군 ·················7

충북

충청북도 ·················7
청주시 ·················7
충주시 ·················7
제천시 ·················7
영동군 ·················7
진천군 ·················8
괴산군 ·················8
음성군 ·················8
단양군 ·················8

충남

천안시 ·················8
공주시 ·················8
당진시 ·················8
보령시 ·················8
아산시 ·················8
논산시 ·················8
부여군 ·················8

서천군 ·················8
청양군 ·················8
예산군 ·················8
태안군 ·················8

전북

군산시 ·················8
정읍시 ·················8
남원시 ·················8
무주군 ·················8
장수군 ·················8
임실군 ·················8
고창군 ·················9
부안군 ·················9

전남

목포시 ·················9
여수시 ·················9
순천시 ·················9
장흥군 ·················9
강진군 ·················9
해남군 ·················9
영암군 ·················9
무안군 ·················9
완도군 ·················9
진도군 ·················10

경북

포항시 ·················10
안동시 ·················10
구미시 ·················11
영주시 ·················11
상주시 ·················12

목 차

문경시	12
경산시	12
의성군	12
청도군	12
성주군	12

경남

경상남도	12
창원특례시	12
진주시	12
사천시	12
김해시	12
양산시	13
함안군	11
창녕군	13
고성군	13
함양군	13
합천군	13

제주

제주특별자치도	13
제주시	13

2025년 전국 지방자치단체 관광시설 운영현황 조사

순번	시군구	지출명(사업명)	관광시설 분류 1.여행업 2.관광숙박업 3.관광객이용시설업 4.국제회의업 5.카지노업 6.테마파크 7.관광편의시설업 8.관광지 9.관광단지 10.관광특구 11.기타(시설명)	2025년예산 (단위:천원/1년간)	민간이전 흐름 (지방자치단체 세출예산 집행기준액 의거) 1.민간경상사업보조(307-02) 2.민간단체법정운영비보조(307-03) 3.민간행사사업보조(307-04) 4.민간위탁금(307-05) 5.사회복지시설 법정운영비보조(307-10) 6.사회복지사업보조(307-11) 7.민간인위탁교육비(307-12) 8.보조기관운영경상보조금(308-13) 9.공사등민간경상보조(309-01)	민간이전자금 근거 (지방보조금 관리기준 참고) 1.법률에 규정 2.국고보조사업 기준금 3.용도 지정 기부금 4.조례에 의한규정 5.지자체가 관장하는 공통수행 사업 6.시도 정책 및 계획사업 7.기타 8.해당없음	계약방법(경쟁형태) 1.일반경쟁 2.제한경쟁 3.지명경쟁 4.수의계약 5.협약계약 6.기타() 7.해당없음	계약기간 1.1년 2.2년 3.3년 4.4년 5.5년 6.기타(1년) 7.장기계약(1년이상) 8.해당없음	낙찰자선정방법 1.적격심사 2.협상에 의한계약 3.최저가격대상 4.규격가격분리 5.2단계 경쟁입찰 6.기타() 7.해당없음	운영비산정 1.내부산정(지자체 자체검토로 산정) 2.외부산정(외부전문기관위탁 산정) 3.내외부 모두 산정 4.산정無 5.해당없음	운영대상 산정 1.내부산정(지자체 내부적으로 산정) 2.외부산정(외부전문기관위탁 산정) 3.내외부 모두 산정 4.산정無 5.해당없음	성과평가 실시여부 1.실시 2.미실시 3.향후 추진 4.해당없음	성과평가 주기 1.매년 2.격년 3.기간분정 4.기타() 5.해당없음	성과평가 실시 방법 1.자체 실시 2.평가단 구성 후 실시 (전문가 구성 의뢰) 3.전문 평가기관 의뢰 4.기타() 5.해당없음	평가기준 적용방법 1.공인 조례적용 2.전문 평가기관 의뢰 3.기타() 4.해당없음	실제 인센티브 및 페널티 적용 여부 1.제재 적용 2.적용 안함 3.기타() 4.해당없음	인센티브 및 페널티 적용근거 1.조례 2.계약서 3.기타() 4.해당없음
1	서울특별시	서울 지역 성장관광 활성화	3	379,639		6	6	3	6	1	1	1	1	1	3	1	2
2	서울 성동구	성동구 여수관광안내소 운영 및 민간위탁	11	57,245	4	4	7	8	7	5	5	4	5	5	4	4	4
3	서울 도봉구	방학천 문화예술거리 조성 및 활성화	11	43,105	3	4	7	8	7	1	1	4	5	5	4	4	4
4	서울 도봉구	창포원 보존 및 도봉서원 중건	11	251,293	1	4	6	8	7	1	1	4	5	4	1	1	1
5	서울 도봉구	도봉문화재 야행 지원	11	1,142,254	4	1	7	1	6	1	1	4	3	3	1	1	1
6	서울 도봉구	평지문화제 운영	11	185,493	4	4	1	3	6	1	1	4	3	3	1	4	4
7	서울 도봉구	평화축제(가칭) 운영	11	494,453	8	4	5	8	7	2	2	3	5	3	2	3	2
8	서울 도봉구	행폐스테이 지원	11	49,399	1	4	6	8	7	1	1	4	5	4	4	4	3
9	서울 노원구	초안산분류왕 운영	3	533,393	7	1	4	2	1	5	5	3	5	5	4	4	4
10	서울 마포구	마포구 종합관광안내소 위탁운영	11	274,943	4	4	5	6	7	1	1	1	3	3	1	4	4
11	서울 서대문구	문화재야행	11	237,300	1	4	7	8	7	1	1	3	1	2	2	1	1
12	부산 서대문구	부산국제광고제 전야제	9	128,128	1	1	7	8	7	1	1	1	1	2	1	1	1
13	부산 동구	영다부시 문학축제	9	13,662	1	1	7	8	7	1	1	1	1	1	1	1	1
14	부산 동구	부곡 연원문화제	9	56,100	1	1	7	1	7	1	1	1	1	1	1	1	1
15	부산 동구	조선통신사 축제	9	11,220	1	1	7	8	7	1	1	1	1	1	1	1	1
16	부산 중구	부산국제어린이청소년영화제	9	34,608	3	2	7	8	7	1	1	1	1	1	1	4	4
17	부산 중구	부산자갈치축제 지원	9	364,870	3	2	2	7	2	5	5	4	5	5	3	4	4
18	부산 중구	40계단 문화축제	9	54,378	1	7	8	7	1	1	1	1	1	1	1	1	1
19	부산 중구	보수동책방골목축제	9	11,766	1	6	1	7	1	1	1	1	1	1	1	4	4
20	부산 중구	오륙도해맞이광장관광안내소	7	262,853	9	4	8	7	5	5	5	1	1	3	3	1	1
21	부산 서하구	감천문화마을 축제	11	66,744	3	4	1	7	1	1	1	4	5	5	4	4	4
22	대구광역시	관광안내센터 운영	7	831,600	1	4	6	8	7	1	1	1	1	2	1	1	1
23	대구광역시	관광서스토리미디어스 운영	7	439,449	4	1	2	3	1	1	1	1	3	1	1	4	1
24	대구 중구	관광새로운프로그축제	3	103,950	4	1,4	6	1	7	1	1	3	1	1	1	4	4
25	대구 중구	관광새로운국가경제소활성기획	11	3,604	4	6	1	7	1	1	1	1	1	1	1	1	3
26	대구 중구	관광새로운국가경제소활성기획	11	3,674	4	6	1	7	1	1	1	1	1	1	1	1	3
27	대구 중구	관광새로운국가경제소활성기획	11	4,026	4	6	1	7	1	1	1	1	1	1	1	1	3
28	대구 북구	전태문화광광 관광단학교	11	3,919	7	4	1	1	1	1	1	5	4	4	3	2	4
29	대구 북구	관광안내센터 운영	11	60,030	1	4	5	1	5	1	1	1	1	1	1	1	1
30	대구 수성구	관광새로운 사업 및 관광안내센터 운영	11	1,182,004	8	5	3	7	2	1	1	1	1	1	1	4	1
31	대구 달서구	선비마을 추원, 고객체험	3	40,016	1	1	1	7	1	1	1	1	3	3	3	3	3
32	대구 달성군	사문단 역사문화 지원	8	1,416,116	9	9	4	7	4	2	2	1	1	4	3	1	3
33	대구 달성군	비술산 유스호스텔 관리	2	1,203,273	9	1	8	7	1	3	3	1	1	4	3	1	3
34	인천광역시	문화관광해설사 교육 및 모니터링(이상 2-1단계)	9	50,454	1	1	6	1	1	1	1	1	1	1	3	1	3
35	인천광역시	인천 여행업 리스타트 관광상품 지원	9	567,361	4	1	2	2	1	1	1	1	1	2	2	2	4
36	인천광역시	관광편의시설지원 지원	7	14,763	4	5	1	1	1	1	1	1	1	1	4	4	4
37	인천광역시	관광마이스업 맞춤형 프로그램 운영	9	97,136	4	7	7	1	1	1	1	1	1	3	1	3	3

순번	시도구	사업명 (세부사업)	관광사업 분류 1.여행업 2.관광숙박업 3.관광객이용시설업 4.국제회의업 5.카지노업 6.유원시설업 7.관광편의시설업 8.관광지 9.관광단지 10.관광특구 11.기타(시설명)	2025년예산(국비,전용/1년간)	민간위탁 분류 (재정자립도별 기관/분야 기준) 1.민간경상사업보조(307-02) 2.민간위탁사업비(307-03) 3.민간행사보조(307-04) 4.민간행사사업보조(307-10) 5.사회복지시설(307-11) 6.민간위탁금(307-12) 7.공기간경상보조(한국(308-13) 8.공사공단경상전출금(309-01)	민간위탁자출 근거 (개별조례 관리기관 참고) 1.법령 규정 2.국고보조 지원(국고지침) 3.조례 지역 기준 4.조례 지역계획 5.지방자치 동의가능한 사업 6.세부 정책 및 계획사업 7.기타 8.해당없음	계약결정 (경쟁형태) 1.일반경쟁 2.제한경쟁 3.지역계약 4.수의계약 5.법정 위탁 6.기타 7.해당없음	계약기간 1.1년 2.2년 3.3년 4.4년 5.5년 6.기타(1년미만) 7.단기계약 (1년이상) 8.해당없음	낙찰자선정방법 1.최저입찰 2.협상에의한계약 3.최저가격 4.표준가격 5.2단계 경쟁계약 6.기타 7.해당없음	운영비산정 내부산정 (자체계획 내부로 산정) 1.내부산정 2.외부산정(외부전문기관에 의뢰) 3.내외부 모두 산정 4.산정 못 5.해당없음	정산방법 1.내부정산 (자체 내부적으로 정산) 2.외부정산 (외부전문기관에 의뢰) 3.내외부 모두 산정 4.정산 못 5.해당없음	성과평가 실시여부 1.실시 2.미실시 3.향후 추진 4.해당없음	성과평가 주기 1.매년 2.격년 3.기간만료시 4.기타() 5.해당없음	성과평가 실시 방법 1.자체 실시 2.평가기관 구성 후 실시 (전문위원 위촉) 3.전문 평가기관 의뢰 4.기타() 5.해당없음	평가기관 채용방법 1.공개 채용 2.전문 평가기관 의뢰 3.기타() 4.해당없음	평가결과 채용 실제 인센티브 및 제재적 채용 유무 1.예산 채용 2.성과 반영 3.기타() 4.해당없음	인센티브 및 제재적 채용근거 1.조례 2.계약서 3.기타() 4.해당없음
38	인천광역시	관광안내소 운영	9	2,206,545	4	1	1	2	1	1	1	2	5	5	4	4	4
39	인천광역시	관광업종사자 교육	9	10,051	4	6	4	1	1	1	1	2	5	5	4	4	4
40	인천광역시	관광기념품 공모	9	23,303	4	1	1	1	1	1	1	2	5	5	4	4	4
41	인천광역시	국내 관광홍보 운영	9	173,106	8	8	5	1	7	1	1	1	1	3	1	2	4
42	인천광역시	인천관광기업지원센터 운영	9	1,346,004	8	2	5	1	7	1	1	1	1	3	3	1	4
43	인천광역시	웰니스의료관광 활성화 클러스터	9	1,212,516	8	5	5	8	7	1	1	1	1	3	3	1	4
44	인천광역시	관광두레 인천관광사업	9	506,966	8	2	5	1	7	1	1	1	1	3	1	1	4
45	인천광역시	창 외국 인천관광콘텐츠사업	9	142,313	8	8	5	1	7	1	1	1	1	3	1	2	4
46	인천광역시	국제 관광박람회 인천 인지도 제고	9	321,453	8	1	5	1	7	1	1	1	1	3	1	2	4
47	인천광역시	특화관광자원 인천 개발 및 우수로드 육성	9	1,237,549	8	8	5	1	7	1	1	1	1	1	1	2	4
48	인천광역시	야 관광 테마 관광 육성	9	235,334	8	8	5	1	7	1	1	1	1	1	1	2	4
49	인천광역시	인천 테마관광 운영	9	371,001	8	1	5	1	7	1	1	1	1	1	1	2	4
50	인천광역시	웰니스 특화 페스티벌	9	325,841	8	8	5	1	7	1	1	1	1	1	1	1	4
51	인천광역시	방송활용 홍보	9	329,728	8	8	5	1	7	1	1	1	1	1	3	1	4
52	인천광역시	관광국내홍보 정비(민원.직접)	9	218,545	8	6	2	7	2	1	1	1	4	4	2	4	4
53	인천광역시	인천시 공사 관광홍보 제작.배포(민원.직접)	9	283,791	8	8	5	1	7	1	1	2	1	3	3	4	4
54	인천광역시	관광지 진화서비스 강화	9	408,653	8	8	5	8	7	1	1	1	5	5	4	4	4
55	인천광역시	국내외 SNS 채널 운영 및 콘텐츠 제작	9	419,910	8	8	5	1	7	1	1	4	5	5	4	4	4
56	인천광역시	스마트관광도시 이미지 제고 및 활성화	9	669,243	8	8	5	1	7	1	1	4	5	5	4	4	4
57	인천광역시	스마트관광상품 판촉 콘텐츠 개발 지원	9	194,886	8	8	5	1	7	1	1	4	5	5	4	4	4
58	인천광역시	인천 국제관광 운영	9	146,138	9	1	7	8	7	1	1	1	1	1	2	4	4
59	인천광역시	아이온 사업 기반구축	9	1,666,375	9	5	5	5	1	1	1	1	1	1	1	1	4
60	인천광역시	마이스업계 경쟁력 강화	9	2,497,458	9	2	5	1	1	1	1	1	1	1	1	1	4
61	인천광역시	인터네셔널 이벤트 유치 지원	9	2,996,462	8	8	5	1	1	1	1	1	1	1	1	2	4
62	인천광역시	외래특화 인천아이스 이벤트 지원	9	1,626,143	8	8	5	1	1	1	1	1	1	1	1	2	4
63	인천광역시	지역 미팅 중소 행사 유치 및 이벤트 지원	9	1,420,782	8	8	5	1	1	1	1	1	1	1	1	1	4
64	인천광역시	국제회의복합지구 특화콘 운영 지원(업체 포함)	9	492,752	8	5	5	1	1	1	1	1	1	3	3	1	4
65	인천광역시	인천관광공사 경상운영비(포함)	9	940,638	9	1	7	8	1	1	1	1	3	4(행정인력부)	3	1	4
66	인천광역시	인천지역화 구축	9	2,535,883	9	5	5	5	1	1	1	1	3	3	3	1	4
67	인천 강화군	해외관광 유치	8	246,891	8	2	5	1	1	1	1	3	1	1	1	4	4
68	인천 강화군	마니산 관광지 관리	8	227,263	8	8	5	1	1	5	5	3	1	1	1	4	4
69	인천 강화군	앞바둑 여행길 관리	8	449,088	8	4	5	1	1	5	5	3	1	1	1	4	4
70	인천 강화군	전적지 관리	8	335,550	8	4	5	1	1	5	5	3	1	1	1	4	4
71	인천 강화군	역사유적지가정통 관리	8	176,357	8	4	5	1	1	5	5	3	1	1	1	4	4
72	인천 강화군	광정원대 관리	8	54,003	8	4	5	1	1	5	5	3	1	1	1	4	4

순번	시도구	사업명 (사업명)	관광사업 분류 (1.여행업 2.관광숙박업 3.관광객이용시설업 4.국제회의업 5.카지노업 6.유원시설업 7.관광편의시설업 8.관광지 9.관광단지 10.관광구역 11.기타 (서술형))	2023년 예산 (단위:경상/1인건)	민간위탁 분류 (지방자치단체 세출예산 집행기준에 의거) 1.민간경상사업보조(307-02) 2.민간단체 법정운영보조(307-03) 3.민간행사사업보조(307-04) 4.민간위탁금(307-05) 5.사회복지시설 법정운영비보조(307-10) 6.사회복지사업보조(307-11) 7.민간운영기기보조(307-12) 8.경가관계비경상이정 경상비영사사업(308-13) 9.공사사업 경상진행비(309-01)	민간위탁 근거 (지방조례 관리기준 정리) 1.법률에 규정 2.국고보조 재원(국가지정) 3.용도 지정 기부금 4.조례에 지정 규정 5.자치단체 지원사업 6.시도 공공기관 하는 사업 7.기타 8.해당없음	계약방식 (경쟁력) 1.일반경쟁 2.제한경쟁 3.지명경쟁 4.수의계약 5.법정제약 6.기타() 7.해당없음	계약기간 1.1년 2.2년 3.3년 4.4년 5.5년 6.기타(1년 7.장기계약 (1년이상) 8.해당없음	낙찰자선정방법 1.적격심사 2.협상에의한계약 3.최저가계약 4.규격가격분리 5.간이 경쟁제 6.기타() 7.해당없음	운영비산정 1.내부산정 (자체적 계획예산으로산정) 2.외부산정 (외부전문기관에 산정) 3.내부외부 모두 산정 4.산정 篇 5.해당없음	운영인력 산정 1.내부산정 (자체적 내부에서 산정) 2.외부산정 (외부전문기관에 산정) 3.내부외부 모두 산정 4.해당없음	성과평가 실시여부 1.실시 2.미실시 3.향후 추진 4.해당없음	성과평가 주기 1.매년 2.격년 3.기간정보 4.기타() 5.해당없음	성과평가 실시 방법 1.자체 실시 2.평가단 구성 후 실시 3.전문평가기관 의뢰 4.기타() 5.해당없음	평가기준 적용방법 1.관련 조례 적용 2.전문 평가기준 3.기타() 4.해당없음	실제 인센티브 및 패널티 적용 여부 1.패널 적용 2.채용 인정 3.기타() 4.해당없음	평가결과 적용 인센티브 및 패널티 적용근거 1.조례 2.계약서 3.기타() 4.해당없음
78	인천 강화군	마니산 관광지 관리	8	37,461	8	4	5	5	7	5	5	3	1	1	1	4	4
79	인천 강화군	함허동 여행지 관리	8	26,320	8	4	5	5	7	5	5	3	1	1	1	4	4
80	인천 강화군	전적지 관리	8	118,207	8	4	5	5	7	5	5	3	1	1	1	4	4
81	인천 강화군	덕진국악거번장 관리	8	115,203	8	4	5	5	7	5	5	3	1	1	1	4	4
82	인천 강화군	문화관광해설사 복수교육	9	23,113	7	4	5	1	7	2	3	4	5	5	4	4	4
83	인천 강화군	평화전지 운영 및 관리	8	181,383	8	4	5	5	7	1	2	1	1	1	1	4	4
84	인천 강화군	평화전지 운영 및 관리	8	2,335	4	4	5	5	2	1	1	4	1	1	3	4	4
85	인천 강화군	고창해성 운영	8	581,467	8	4	5	5	7	1	1	4	1	1	1	4	4
86	인천 강화군	누정해성 관리운영	11	140,745	4	4	4	5	2	3	3	2	5	5	4	2	4
87	인천 동구	송월동 동화마을 트릭아트스토리 관리	11	89,276	8	4	7	6	7	3	3	2	5	5	4	2	4
88	인천 동구	송우도 스토리를 관리운영	11	57,155	8	4	7	6	7	3	3	1	5	5	4	2	4
89	인천 동구	예술역락 관리운영	11	38,688	8	4	7	6	7	3	3	2	5	5	4	2	4
90	인천 동구	연안부두해양광장시설관리운영	11	86,915	8	4	7	6	6	3	3	2	5	5	4	4	4
91	인천 동구	역곡선물해 축대 관리	11	5,105	4	6	4	6	7	1	1	1	5	5	4	2	4
92	인천 동구	울미이소 관리소 운영	11	24,640	4	6	7	7	7	3	1	2	5	5	4	4	4
93	인천 부평구	부평 아트센터	9	25,133	1	1	7	8	7	1	1	1	1	1	3	4	4
94	광주 동구	아시아 음식문화의 거리조성사업	11	197,863	8	4	7	2	7	5	5	3	5	5	4	4	4
95	광주 동구	광주대표축제 조성	11	269,629	4	4	1	2	1	5	5	3	5	5	1	4	4
96	광주 동구	시장한옥문화관 운영	11	160,335	4	4	6	3	6	5	5	3	3	1,2	3	4	4
97	광주 동구	전기을 지원	9	5,549	3	4	7	8	7	5	5	4	5	5	4	4	4
98	대전광역시	대전트리움 운영	9	9,698	4	4	7	8	7	5	5	4	5	5	4	4	4
99	대전광역시	도시염 대전	9	478,538	4	4	7	8	7	5	5	4	5	5	4	4	4
100	대전광역시	대전컵 연계 프로그램 운영	9	321,206	3	4	7	8	7	5	5	4	5	5	4	4	4
101	대전광역시	대전관광사진 전국공모전	9	26,990	3	4	7	8	7	5	5	4	5	5	4	4	4
102	대전광역시	우수관광 개발지원	9	28,672	4	4	7	8	7	5	5	4	5	5	4	4	4
103	대전광역시	대전의 관광문화발굴 운영	9	50,548	1	4	7	8	7	5	5	4	5	5	4	4	4
104	대전광역시	관광기반조성 기획	9	37,049	4	4	7	8	7	5	5	4	5	5	4	4	4
105	대전광역시	대전시티어 운영 지원	9	12,482	4	4	7	8	7	5	5	4	5	5	4	4	4
106	대전광역시	전자사실기획사 관광발굴사업	9	56,228	4	4	7	8	7	5	5	4	5	5	4	4	4
107	대전광역시	대전관 블로그 및 홈페이지운영	9	37,076	4	4	7	8	7	5	5	4	5	5	4	4	4
108	대전광역시	대전관 블로그 및 홈페이지운영	9	177,611	4	4	7	8	7	5	5	4	5	5	4	4	4
109	대전광역시	도시장 대전	9	445,454	4	4	7	8	7	5	5	4	5	5	4	4	4
110	대전광역시	대전 관광진흥	9	613,634	4	4	7	8	7	5	5	4	5	5	4	4	4
111	대전광역시	관광안내소 운영	8	670,867	4	4	7	8	7	5	5	4	5	5	4	4	4
112	대전광역시	지역연계 관광활용사업	9	34,716	1	2	7	8	7	5	5	4	5	5	4	4	4
113	대전광역시	대전국립공원관광사업	8	654,091	4	4	7	8	7	1	1	4	5	5	4	4	4
114	대전 동구	효명약수 관리운영	3	92,201	4	4	4	3	7	2	1	2	5	5	4	4	4

순번	시군구	사업명	관광사업 분류	2025년예산(단위:천원/1년간)	민간이전 분류	민간이전자율 근거	계약형태(경쟁방식)	계약기간	보조금지원	운영비산정	정산방법	성과평가 실시여부	성과평가 주기	성과평가 실시 방법	평가기관 적용방법	실제 인센티브 및 페널티 적용 유무	인센티브 및 페널티 적용근거
118	대전 동구	2024 동절관광 육성사업	11	27,456	1	6	4	2	1	1	1	1	1	1	1	2	4
119	대전 유성구	국내관광활성화지원	9	16,179	1	4	7	8	1	1	5	1	1	1	1	1	4
120	울산 중구	아열물놀이장 운영	3	853,810	9	4	7	8	1	1	5	1	1	3	3	1	3
121	울산 중구	울산향교 운영(전통문화체험 운영, 명성학습운영)	3	19,411	1	7	7	8	1	1	1	4	5	2	4	1	4
122	울산 중구	주암서원 운영	3	45,053	3	7	6	8	1	1	1	4	5	5	4	3	4
123	울산 중구	중구문화원(문화사업, 문화학교 운영, 국내외 문화 답사)	3	146,740	4	1	7	2	1	1	1	1	2	5	4	4	3
124	울산 중구	중구문화원(문화학교 운영, 문화원 인건비)	3	122,119	1	1	7	8	1	1	1	4	1	1	4	4	4
125	울산 중구	문화해설관광이행사· 단오어린이 한마당, 문화의 날 볼거리, 공유재산 내 민속행사	3	265,994	2	1	7	8	1	1	1	4	1	1	4	4	4
126	울산 중구	고래박물관 및 고래생태체험관 운영	8	215,757	3	4	5	3	1	1	1	4	1	3	3	4	3
127	울산 중구	돌리 키즈랜드 운영	8	2,805,021	9	4	5	3	1	1	1	4	1	3	4	4	4
128	울산 중구	고래 카니발 운영	6	864,400	9	4	7	3	1	1	1	1	1	3	3	4	4
129	울산 남구	장생포 고래문화특구 운영	8	681,325	9	4	7	8	1	1	1	4	5	5	4	4	4
130	울산 남구	장생포 고래생태 체험관 운영	8	1,156,854	9	4	7	8	1	1	1	4	5	5	4	4	4
131	울산 남구	내팝령방 운영	2	131,966	4	4	7	8	1	1	1	1	2	1	1	4	4
132	울산 북구	진하유원지 운영	11	461,982	4	4	7	8	1	1	1	4	5	5	4	4	4
133	울산 북구	드림플라자 캠프 운영	11	310,229	3,6	4	2	2	1	1	1	1	1	5	3	4	4
134	울산 북구	특수영 남구 운영	11	347,727	9	4	5	3	1	1	1	2	3	4	1	4	4
135	세종특별자치시	전동시 국민여가캠핑장 유지관리 시설유지비, 공과금품 등	3	191,417	9	4	6(위탁계약)	5	1	1	1	4	3	1	1	4	2
136	세종특별자치시	전동시 국민여가캠핑장 유지관리(유지관리용역자 구입비)	3	3,669	8	4	6(위탁계약)	3	1	1	1	3	3	3	3(업약)	4	4
137	경기 파주시	DMZ관광 유지관리	11	590,591	4	4	5	3	1	1	1	4	5	5	4	4	4
138	경기 파주시	DMZ관광 유지관리	3	537,016	8	5	6(지정위탁)	8	1	1	1	4	5	5	4	4	4
139	경기 파주시	마정유수지 유지관리	8	15,371	9	5	7	8	1	1	1	4	5	5	4	4	4
140	경기 파주시	내모유수지 유지관리	8	939,252	9	5	7	8	1	1	1	4	5	5	4	4	4
141	경기 파주시	한라순수지 유지관리	8	17,071	4	5	7	2	1	1	1	1	2	1	3	4	4
142	경기 파주시	한국근대시장 대행사	8	2,446,105	8	5	7	2	1	1	1	2	3	5	3	4	4
143	경기 파주시	판문점민속관연화마을 유지	11	463,223	11	4	7	2	1	1	1	1	1	1	1	4	4
144	경기 파주시	한반도 관광명소 종합안내센터 운영	9	174,630	9	4	1	1	1	1	1	4	3	3	1	4	4
145	경기 파주시	한반도 관광관리 유지관리	8	390,002	8	6	7	3	1	1	1	4	5	5	4	4	4
146	경기 파주시	파주관광자원 유지관리	8	201,418	6	5	7	8	1	1	1	4	5	5	4	4	4
147	경기 파주시	파주관광 종합관광종합안내센터 유지관리	8	319,202	6	5	7	8	1	1	1	4	5	5	4	4	4
148	경기 파주시	파주관광자원 유지관리	8	429,199	5	4	1	1	1	1	1	4	5	5	4	4	4
149	경기 파주시	한반도수타워 종합관람안내소 운영	8	1,404	9	4	7	3	1	1	1	4	5	5	4	4	4
150	경기 파주시	한반도수타워 종합안내센터 유지관리	8	5,322	9	4	5	3	1	1	1	4	5	5	4	4	4
151	경기 파주시	한반도 조각상시설 유지관리	8	4,047,924	8	5	7	2	1	1	1	1	2	2	3	4	4
152	경기 파주시	한국도시지사 대행사	11	1,027,536	11	5	7	8	1	1	1	4	5	5	4	4	4
153	경기 안산시	관광안내소 운영 및 관광정보 제공	1	429,788	4	4	1	3	1	1	1	3	3	3	3	3	3
154	경기 안산시	고양 시티투어사업	1	30,830	4	4	7	2	1	1	1	4	5	5	3	4	4
155	고성특별시	경기 서북부 광역시티투어 지원	1	103,950	8	4	7	8	1	1	1	4	5	5	3	4	3
156	고성특별시	관광의료지원	1	91,520	1	4	5	1	1	1	1	1	1	1	3	1	3

- 4 -

순번	시도	시군구	지출명 (사업명)	관광사업 분류	2023년 예산 (단위:천원/1년간)	민간위탁자를 근거	계약방법 (경쟁형태)	계약기간	낙찰자선정	운영비산정	정산방법	성과평가 실시여부	성과평가 주기	성과평가 실시 방법	평가기준 적용방법	실적 인센티브 및 페널티 적용 여부	인센티브 및 페널티 적용근거
158	경기 구리시		구리토평관광힐링센터 운영	11	761,276	4	5	8	7							1	1
159	경기 의왕시		왕송수변휴양 운영	11	457,020	1	4	3	7			3	3	1	1	4	4
160	경기 의왕시		의왕스카이레일 운영	11	87,929	1	4	3	7			3	3	1	1	4	4
161	경기 의왕시		에도피아 운영	11	19,931	1	4	3	7			3	3	1	1	4	4
162	경기 의왕시		조류생태과학관	11	287,759	4	4	5	7			3	3	1	1	4	4
163	경기 김포시		김포문화재단 운영	8	222,857	5	4	3	1			3	3	1	3	4	4
164	경기 김포시		대곶체육공원생활문화센터 운영	8	1,662,120	5	4	5	1			3	3	1	3	4	4
165	경기 의왕시		백운아트홀 운영	11	345,349	4	4	2	2			1	1	1	1	1	1
166	경기 의왕시		의왕시비단길운영	7	1,384,880	4	5	2	2	5	5	1	1	1	1	4	4
167	경기 의왕시		재부도·레일파크조용로 등 6개 시설 운영	7	2,230,691	1	7	3	7	1	1	1	1	1	1	4	4
168	경기 의왕시		해양레저시스포츠조합체육 결합 지원	11	69,888	4	1	1	2			4	5	5	4	4	4
169	경기 의왕시		들물이 안전관리 운영	11	201,960	4	1	2	2	5	5	4	5	5	4	4	4
170	경기 의왕시		들물이 안전관리 운영	11	17,955	2	7	1	7	1	1	1	1	1	1	4	4
171	경기 의왕시		여명경 안전시설 개보수	3	15,879	2	7	7	7	1	1	4	5	5	4	4	4
172	경기 의왕시		여기곡 공원관리 개보수	3	17,472	2	7	8	7	1	1	4	5	5	4	4	4
173	경기 의왕시		의왕시 공원관리 운영	11	1,101,506	4	5	2	7	1	1	4	5	5	4	4	4
174	경기 의왕시		의왕 시민꽃 운영	1	478,579	6	2	3	6	1	1	1	3	2	3	3	3
175	경기 의왕시		생태공원 프로그램 운영	1	95,059	4	2	1	1	1	1	3	3	2	3	3	3
176	경기 의왕시		정승역 1979운영 운영	11	69,754	4	1	4	1	3	3	3	3	1	1	4	4
177	경기 가평군		시설관리공단 출품(안전산업의사용행)	2	324,710	4	6	6	6	1	1	2	5	5	4	4	4
178	경기 가평군		시설관리공단 출품(자설관정풍)	2	465,443	4	6	6	6	1	1	2	5	5	4	4	4
179	경기 가평군		시설관리공단 출품(자립법인당)	2	1,555,985	4	6	6	6	1	1	2	5	5	4	4	4
180	경기 가평군		시설관리공단 출품(연예수영장)	11	192,259	4	6	6	6	1	1	2	5	5	4	4	4
181	경기 가평군		정품 수배구역 위탁	3	18,639	7	7	3	1	5	5	1	1	1	1	2	1
182	경기 가평군		의왕 복운숍프리그램 운영	2	38,016	2	1	1	2	2	2	1	1	1	1	2	1
183	경기 가평군		인왕 오카페라지 위수탁 운영	2	19,802	7	1	1	2	2	2	4	5	5	4	4	4
184	경기 의왕시		문화관광지 보수교육	11	257,150	4	2	2	2			4	5	5	4	4	4
185	경기 가평군		물소리 운영 위탁	3	132,825	4	1	3	2	2	2	1	1	1	1	2	1
186	경기 가평군		관광안내소 위탁	3	272,688	4	1	1	1	2	2	1	1	1	1	2	1
187	경기 가평군		인평 빵운순프 위수탁 운영	2	36,500	4	1	1	7	2	2	4	5	5	4	4	4
188	경기 가평군		인평 오카페라지 위수탁 운영	2	30,693	4	1	1	7	2	2	4	5	5	4	4	4
189	경기 가평군		인평 비수록 장비림	2	32,558	4	1	3	2	2	2	4	5	5	4	4	4
190	경기 가평군		의평 신대보고 운영사업	2	10	4	1	3	2	2	2	4	5	5	4	4	4
191	경기 의왕시		인평기번 운영 운영	11	907,820	4	4	5	1			1	1	1	1	4	4
192	강원특별자치도		종계오포츠미디어센터 운영	4	71,940	4	7	8	7			4	5	5	4	4	4
193	강원특별자치도		동계스포츠경기장 위탁운영	11	7,330,054	4	4	1	6	5	5	1	1	1	1	1	1
194	강원 순천시		순천문 운영 관리업	8	313,893	2	7	8	7			4	5	5	4	4	4
195	강원 순천시		순천경위술관 운영	9	64,025	4	7	8	7			4	5	5	4	4	4
196	강원 순천시		순천남수유물집경	9	606,722	4	7	8	7			2	5	5	4	4	4
197	강원 순천시		여평 안전체시 개보수 지원	3	7,073	7	7	8	7	5	5	2	5	5	4	4	4

순번	사업구	자원명(사업명)	관광시설 분류	2025년예산(단위:천원/기간)	민간위탁 분류	민간위탁 근거	계약방법	계약기간	낙찰자선정방법	운영사정	정산방법	성과평가 실시여부	성과평가 주기	성과평가 실시방법	평가기준 적용방법	재계약 및 채용근거	인센티브 및 페널티 적용
198	강원 춘천시	야영장 안전위생시설 개보수 지원	3	9,616	8	7	7	8	7	5	1	2	5	5	4	4	4
199	강원 춘천시	야영장 안전위생시설 개보수 지원	3	3,889	8	7	7	8	7	5	1	2	5	5	4	4	4
200	강원 춘천시	야영장 안전위생시설 개보수 지원	3	4,994	4	7	7	8	7	5	1	2	5	5	4	4	4
201	강원 춘천시	야영장 안전위생시설 개보수 지원	3	704	8	7	7	8	7	5	1	2	5	5	4	4	4
202	강원 춘천시	야영장 안전위생시설 개보수 지원	3	856	4	7	7	8	7	5	1	2	5	5	4	4	4
203	강원 춘천시	야영장 안전위생시설 지원	3	7,419	4	7	7	8	7	5	1	2	5	5	4	4	4
204	강원 춘천시	야영장 화재안전시설 지원	3	6,367	4	7	7	8	7	5	1	2	5	5	4	4	4
205	강원 춘천시	춘천관광 전국공모전	9	60,595	4	7	6	8	7	1	1	4	5	5	4	4	4
206	강원 춘천시	웰촌어울림 운영	9	128,029	1	4	6	8	6	1	1	4	5	5	4	4	4
207	강원 춘천시	순천 공정관광 콘텐츠 개발 운영	9	50,305	1	4	6	6	6	1	1	4	5	5	4	4	4
208	강원 춘천시	로컬어드벤처 기업육성 프로그램 운영	9	62,310	1	4	6	6	6	1	1	4	5	5	4	4	4
209	강원 춘천시	외국인 관광객 운영	9	73,975	2	4	6	8	7	5	5	1	1	2	3	1	4
210	강원 춘천시	야영장 지원위원회 활동지원 프로그램	3	110,160	4	7	7	8	7	5	5	1	1	2	3	1	4
211	강원 춘천시	덤치문화재	11	1,358,438	4	7	7	8	7	5	5	1	1	2	3	1	4
212	강원 춘천시	춘천문화제	11	261,505	4	7	6	8	7	5	5	1	1	2	3	1	4
213	강원 춘천시	호수축제 경관라이팅	11	22,171	4	7	6	8	7	5	5	1	1	2	3	1	4
214	강원 춘천시	장이축제	11	11,592	4	7	6	8	7	5	5	1	1	2	3	1	4
215	강원 춘천시	지역이 필요축제	11	11,696	4	7	6	8	6	5	5	1	1	2	3	1	4
216	강원 춘천시	삼악축제	11	10,012	4	7	6	6	6	3	3	4	5	5	4	4	4
217	강원 춘천시	봉계문화 축제 지원	11	9,923	3	7	4	8	7	5	1	4	5	5	4	4	4
218	강원 춘천시	수소축제 운영 지원	11	10,987	3	7	4	3	2	3	1	1	1	1	3	4	4
219	강원 춘천시	원주시민감상회 운영지원	11	21,978	1	1	1	3	1	1	2	3	3	1,3	1	1	4
220	강원 원주시	원주시만월회 문화지원	11	6,915	2	4	5	8	7	3	1	4	5	5	4	4	4
221	강원 원주시	축제문영	8	298,495	9	7	4	8	4	1	1	4	5	5	4	4	4
222	강원 원주시	모래시계운영	8	344,339	9	7	4	3	2	3	3	1	3	3	2	4	4
223	강원 동해시	도매랜드 스카이사이클 운영관리	8	728,004	8	1,4	1	3	2	3	3	1	3	3	1	4	4
224	강원 동해시	돌배화평원 운영활성화	3	161,661	4	4	1	2	1	1	1	1	1	1	1	4	4
225	강원 태백시	관광시설 운영	11	391,167	8	8	5	8	1	1	1	1	3	1,3	1	1	1
226	강원 속초시	속초해수욕장 수상안전구조요원 자격증 취득 및 교육 지원	11	6,916	7	4	4	7	7	3	1	4	5	5	4	4	4
227	강원 속초시	크루즈 유치 마케팅	11	258,405	8	7	4	1	1	3	1	4	5	5	4	4	4
228	강원 속초시	아바이 마을 기반관 리 및 운영 유지비	11	564,300	8	4	6	6	6	3	3	4	5	5	4	4	4
229	강원 속초시	설포 버스 노매점 조성	3	200,828	4	7	1,4	3	2	2	3	3	3	3	2	4	4
230	강원 속초시	설포의회 활동지원	8	33,063	1	7	7	8	7	1	1	1	5	5	1	4	4
231	강원 영월군	관광협의회 사무국 운영지원	8	154,151	2	4	1	2	1	1	1	1	1	1	1	4	4
232	강원 영월군	관광시설 운영	8	128,736	4	1	1	8	7	1	1	1	3	1	4	4	4
233	강원 영월군	국민여가캠핑장 다목적관리센터(동양관광센터)	8	50,908	9	4	1	8	6	1	1	3	5	5	4	4	4
234	강원 영월군	국민여가캠핑장 다목적관리센터(동양관광센터)	8	35,858	9	4	1	8	7	1	1	3	5	5	4	4	4
235	강원 영월군	계곡 부스 관리 및 운영 지원(친년마을정착지원금)	8	155,039	9	1	7	8	7	1	1	3	5	5	4	4	4
236	강원 영월군	(주)관광센터 다목적관리센터(관리운영)	8	10,256	9	4	7	8	7	1	1	3	5	5	4	4	4
237	강원 영월군	국민여가캠핑장 장비 공사	8	5,985	9	4	7	8	7	1	1	3	5	5	4	4	4

순번	시군구	사업명(사업명)	관광시설 분류	2023년예산(단위:천원,1인분)	민간이전 분류	민간이전자출 근거	계약방식(경쟁형태)	계약기간	낙찰자선정방법	운영비방식	운영성산 정산방법	성과평가 실시여부	성과평가 주기	성과평가 실시 방법	평가기준 적용방법	실제 인센티브 및 페널티 적용유무	인센티브 및 페널티 적용근거
238	강원 평창군	국민여가캠핑장 운영용역사업	8	13,052	9	4	7	8	7	1	1	3	5	5	4	4	4
239	강원 평창군	휼린인큰 어드벤처 테마파크 운영용역 구입	8	242	9	4	7	8	7	1	1	3	5	5	4	4	4
240	강원 평창군	계방산 오토캠핑장 기본운영실시 공사	8	5,723	9	4	7	8	7	1	1	3	5	5	4	4	4
241	강원 평창군	계방산오토캠핑장 운영용역 구입	8	50,199	9	4	7	8	7	1	1	3	5	5	4	4	4
242	강원 평창군	지역 연계관광 활성화 사업	1	125,442	1	4	7	1	7	5	1	1	1	1	1	1	4
243	강원 평창군	철도관광 인센티브 지원	9	22,644	8	5	7	8	7	1	1	3	5	5	4	4	4
244	강원 평창군	시티투어 버스 운영 위탁금	1	86,496	4	6	7	1	7	5	1	1	1	1	1	1	4
245	강원 정선군	아리랑 인쇄시설 개보수	8	27,594	8	1	4	7	7	1	1	4	5	5	4	4	4
246	강원 정선군	아리랑 축제 안전성 확보	8	17,477	8	4	4	7	7	1	1	4	5	5	4	4	4
247	강원 정선군	인제 마스터즈 시리즈 행사지원	9	120,943	3	4	4	8	7	5	5	4	5	5	4	4	4
248	강원 인제군	자체 페스티벌 행사 지원	9	110,313	3	4	7	8	7	5	5	4	5	5	4	4	4
249	강원 인제군	카트챔피언 대회 유치 지원	9	126,865	3	4	6	8	2	5	5	2	5	5	4	4	4
250	강원 인제군	2025 나이트트레이스 지원	9	133,636	3	4	6	6	6	5	5	4	5	5	4	4	3
251	강원 인제군	인제오토테마파크 조성사업	8	180,320	4	4	6	6	6	1	1	1	1	1	3	1	3
252	강원 인제군	봉화전망대 일부 운영	8	719,400	4	4	4	1	2	5	1	4	5	5	4	4	4
253	강원 고성군	화진포역사안보전시관 관리 및 운영	8	279,072	4	7	4	8	7	5	5	4	5	5	4	4	4
254	강원 고성군	자원국가계발원장 유수처리시설 위탁수	3	23,744	4	4	2	1	1	1	5	2	5	5	4	4	4
255	충남도	관광안내소 운영	1	776,523	4	4	2	7	6	1	1	1	1	1	3	1	3
256	충북 청주시	조명행사 운영 및 이벤트	3	309,289	9	4	6	5	6	1	1	1	1	3	3	1	3
257	충북 청주시	현도오토캠핑장 운영 및 지원	3	321,131	9	4	6	5	6	1	1	1	1	3	3	1	3
258	충북 청주시	2023 청주다이내믹스티벌	9	2,228,700	8	4	8	8	7	5	5	4	5	5	4	4	4
259	충북 청주시	수안보온천제	9	142,945	3	4	7	8	7	5	5	4	5	5	4	4	4
260	충북 청주시	미녹유대제	11	30,256	4	2	7	8	7	5	5	4	5	5	4	4	4
261	충북 청주시	수안보 불타유유후 이벤트	11	75,684	1	2	7	8	7	5	5	4	5	5	4	4	4
262	충북 청주시	청성전쟁터 운영	11	58,672	3	2	7	8	7	5	5	4	5	5	4	4	4
263	충북 청주시	종공원 바닥분수	11	15,876	3	2	7	8	7	5	5	4	5	5	4	4	4
264	충북 제천시	제천관광센터 운영	11	40,341	8	7	7	8	7	1	1	4	5	5	4	4	4
265	충북 제천시	복지 관광안내 운영	11	40,630	3	7	7	8	7	1	1	4	5	5	4	4	4
266	충북 제천시	아영정 인증 위치정 시설 기본수 지원(보조)	11	22,248	8	7	7	8	7	1	1	4	5	5	4	4	4
267	충북 제천시	영월군 관광사진 공모전	11	31,913	3	4	7	8	7	1	1	4	5	5	4	4	4
268	충북 제천시	관광홍보 축제광고 홍보	11	1,718,498	8	4	7	8	7	1	1	4	5	5	4	4	4
269	충북 제천시	청주공항 내 키오스크 영월군 홍보 광고제	11	16,132	1	2	7	1	2	1	1	2	3	3	2	1	4
270	충북 제천시	청주공항 지역공항주신프로모션(DMO)	11	260,075	3	2	7	1	2	1	1	1	3	3	2	1	4
271	충북 제천시	총복영동기반구축(동영색, 활동보조)	11	112,110	3	2	7	1	2	1	1	1	3	3	2	1	1
272	충북 영동군	총복영동기반구축(활동이리, 활동영향유치)	11	483,840	1	2	7	1	2	1	1	1	1	1	2	1	1
273	충북 영동군	총복영동기반구축(환경영향, 활동영향피드)	11	220,320	1	2	7	1	2	1	1	1	1	1	2	1	1
274	충북 영동군	생태환경사업	11	59,280	1	2	7	1	2	1	1	1	1	1	2	1	1

순번	시도구	사업명	관광세부 분류	2023년예산 (단위:천원/1년간)	민간위탁 분류	민간위탁자 근거	계약방법	계약기간	낙찰자결정방법	운영방식	운영예산 산정	성과평가 실시여부	성과평가 주기	성과평가 실시 방법	평가기관 채용방법	내부 인력보 및 채용력 채용 유무	평가결과 및 채용
278	충북 진천군	진천예술의전당 민간위탁운영	11	37,968	4	4	5	1	1	1	1	2	5	5	4	4	4
279	충북 괴산군	여행업 활성화 프로그램 지원사업	3	42,420	1	4	7	8	7	5	5	4	5	5	4	4	4
280	충북 음성군	백련휴게여탁 운영	7	75,521	1	5	4	1	1	3	3	1	1	3	3	1	4
281	충남	만리포해수욕장시설지 관리운영 활용용	11	6,501,327	9	1	6	5	1	1	3	3	1	3	2	3	3
282	충남	자연휴양림 관리위탁	3	136,477	8	4	7	8	7	1	1	3	3	3	1	3	4
283	충남	공주한옥마을 민간운영위탁	2	3,352,599	4	1,4	1	5	2	2	2	4	5	3	2	4	2
284	충남	공영 여관관리	3	198,635	8	4	5	1	7	1	1	1	1	5	1	1	4
285	충남	보령머드테마파크 관리위탁	8	2,093,724	4	4	5	3	7	1	1	1	3	3	4	4	4
286	충남	자전거이용활성화 사업	8	34,253	4	4	2	3	2	4	4	3	2	2	4	3	3
287	충남	국고천 여행자 관리위탁	8	507,535	4	4	1	1	7	1	1	3	1	4	1	1	3
288	충남	여행자활성화 판시 운영 관리	3	133,575	8	4	7	2	2	2	2	3	2	1	1	1	3
289	충남	공주 드라마체스 운영지원	8	428,166	8	4	7	2	7	2	2	3	2	4	4	4	4
290	충남	공주단풍지 전시체험 관리운영	8	424,309	1	4	6(운영)	7	7	1	1	1	1	1	1	4	4
291	충남	2023년 국화 축제	9	11,114	1	4	6(운영)	3	2	2	2	4	5	3	4	4	4
292	충남	2023년 우주 축제	9	16,515	1	4	6(운영)	8	7	5	5	4	5	5	4	4	4
293	충남	백제문화제	9	18,864	3	1	6(운영)	8	7	5	5	5	5	5	4	4	4
294	충남	계룡군 국제 축제 운영	9	8,489	1	4	7	3	3	5	5	4	3	3	4	4	4
295	충남	문화관광해설사 양성화 지원사업	9	12,691	4	4	6(운영)	6	6	2	2	4	3	3	4	3	4
296	충남	국민 전통휴양시 유치 홍보 마케팅	9	54,096	4	4	2	1	3	1	1	4	5	5	4	4	4
297	충남	국제 전통휴양시 운영운영	9	21,222	7	4	1	6	1	2	2	3	3	3	2	2	3
298	충남	공영 관광복스여 운영지원 사업	8	47,655	8	4	7	8	7	1	1	4	5	1	1	1	4
299	충남	가족휴양관 조형 제도 관리운영 위탁사업	3	33,289	4	4	6(운영)	3	2	1	1	1	5	5	4	3	3
300	충남	2023년 톱내장지역 지원시설(휴양점제 특화)	8	90,675	1	2	6(운영)	8	6	5	5	4	5	4	4	2	4
301	충남	관광안내소 관리운영	8	68,771	3	2	7	8	2,6(환도기가실적)	5	5	1	3	1	4	2	4
302	충남	국립부여휴양단지 종합홍보관 여관시원 위탁	2	202,936	1	2	2	3	3	1	1	4	1	5	4	4	4
303	충남	2024년 입안구예술관람 보 정보산거지원지원지원 위탁여행	11	129,950	1	7	6	6	1	2	2	4	3	3	4	4	4
304	충남	내포수산운휴 관리운영	8	150,103	4	8	1	1	1	1	1	3	5	2	4	2	4
305	충남	내포수산운영운영 지원	9	34,187	4	2	6	6	6	6	6	3	5	3	4	4	4
306	충남	공영부추 조어지원 지원	3	4,870	1	2	4	2	6	4	4	4	5	5	4	4	4
307	충남	화계관관 관리운영	8	59,410	4	8	1	6	6	1	1	4	3	1	1	3	4
308	충남	행영관리부부 관리운영	3	75,924	4	8	4	2	1	4	4	4	4	4	4	2	2
309	전북	과수생태협관광지 회원화 지원 사업	3	7,934,448	4	8	2	3	2,6(간거리실적)	4	4	4	5	4	4	4	4
310	전북	한국가운영 활치	3	2,142,791	4	4	1	2	1	3	3	4	3	5	2	4	4
311	전북	공연부용 관광운영운영	8	161,095	4	6	6	6	6	3	3	4	5	3	3	3	2
312	전북	공영관관 예술어창 운영	3	450,870	4	4	4	2	6	2	2	2	3	2	2	2	4
313	전북	전주 경기전 관리운영	3	487,190	11	4	1	2	6	1	1	4	5	5	4	4	4
314	전북 완주군	전주구 송하체재자비시 인간위탁 운영	11	147,304	1	1	4	3	1	2	2	4	5	3	1	1	3
315	전북 임실군	임실공화홍협 지원사업	11	20,751	1	1	4	6	3	5	5	2	1	1	1	2	2
316	전북 순창군	농촌유호휴양과 지원사업	11	28,533	4	4	4	3	6	1	1	4	4	4	4	4	4
317	전북 순창군	순창동쪽과소리 전수관 운영비	11		4	4	4	3	1	1	1						

- 8 -

순번	시군구	지출명 (사업명)	관광세부분류 (1.여행업 2.관광숙박업 3.국제회의업 4.카지노업 5.테마파크업 6.유원시설업 7.관광편의시설업 8.관광지 9.관광단지 10.관광특구 11.기타(사업명))	2023년예산 (단위:천원/1천원)	민간위탁 분류 (개별자치법에 세부명시 법령기준에 의거) 1.민간경상사업보조(307-02) 2.민간행사사업보조(307-03) 3.민간행사업보조(307-04) 4.민간위탁금(307-05) 5.사회복지시설 법정운영보조(307-10) 6.사수문화재 객실기관운영(307-11) 7.민간인위탁금(307-12) 8.공기관예탁경상위탁사업비(308-13) 9.사사업장 경상운영(309-01)	민간위탁자를 근거 (지원보조금 관리기준 참고) 1.법률에 규정 2.국고보조재원(국가지정) 3.용도 지정 기부금 4.조례에 지정규정 5.지자체가 관장하는 사업 6.시도 정책 및 개별사업 7.기타 8.해당없음	계약방법 (경쟁법) 1.일반경쟁 2.제한경쟁 3.지명경쟁 4.수의계약 5.발주계약 6.기타 7.해당없음	계약기간 1.1년 2.2년 3.3년 4.4년 5.5년 6.기타(1년) 7.장기계약 8.해당없음	낙찰자선정방법 1.적격심사 2.협상에의한계약 3.회계기가세약 4.국가기준제한 5.2단계 경쟁입찰 6.기타 7.해당없음	운영비산정 1.내부산정(지자체 자체로 산정) 2.외부산정(외부전문기관에 산정) 3.내·외부 모두 산정 4.산정 無 5.해당없음	운영대상 산정 1.내부산정(지자체 내부로 정산) 2.외부산정(외부전문기관에 정산) 3.내·외부 모두 의뢰 4.정산불 5.해당없음	성과평가 실시여부 1.실시 2.미실시 3.향후 추진 4.해당없음	성과주기 1.매년 2.격년 3.기간만료시 4.기타 5.해당없음	성과평가 실시 방법 1.자체 실시 2.평가단 구성 후 실시 (전문성 설정) 3.전문 평가기관 의뢰 4.기타 5.해당없음	평가기준 적용방법 1.관련 조례 적용 2.전문 평가기관 (전문 평가기관 의뢰) 3.기타 4.해당없음	실제 인센티브 및 페널티 적용 여부 1.예산 적용 2.적용 안함 3.기타 4.해당없음	인센티브 및 페널티 적용근거 1.조례 2.계약 3.기타 4.해당없음
318	전북 고창군	선운산국민여가캠핑장	2	-	8	1	3	7	4	4	4	5	5	4	4	4
319	전북 목포시	예술활동 프로그램 지원사업	7	57,876	2	7	8	7	5	5	4	5	5	4	4	4
320	전남 목포시	관광시설 관리	8	293,770	8	7	6	7	5	5	4	5	5	4	4	4
321	전남 목포시	외달도·해수욕장 개수예정 운영	8	404,399	8	7	8	7	5	5	4	5	5	4	4	4
322	전남 여수시	국민관광도 여행경 운영 및 관리	3	2,222,000	5	4	5	7	2	1	2	5	5	4	4	4
323	전남 여수시	여수·문화관광 해설가(시) 위탁교육	9	14,151	4	6	1	7	1	1	1	1	1	1	4	4
324	전남 여수시	여수민박촌 운영	9	578,101	6	2	3	7	1	1	3	3	4	1	1	4
325	전남 여수시	시티투어 운영	1	295,608	6	4	2	2	1	1	1	1	1	1	1	2
326	전남 순천시	순천 관광지 이동지원 운영	6	95,140	4	4	2	2	2	1	3	3	4	3	1	2
327	전남 순천시	수찌리 엘리베이터 시설운영	8	22,063	6	7	8	7	5	5	4	5	5	4	4	4
328	전남 순천시	2020 순천관 원정신 개발도주도 지원사업	8	13,184	2	7	8	7	5	5	4	5	5	4	4	4
329	전남 순천시	관광활동을 위한 야간 축제 리사이브 사업	11	113,120	1	7	8	7	5	5	4	5	5	4	4	4
330	전남 순천시	영광국가사적(307-12)	8	36,314	4	7	5	7	5	5	1	1	1	1	3	3
331	전남 순천시	영광제축사업 야경지시 운영	2	37,667	4	2	1	2	1	1	1	1	1	1	3	3
332	전남 순천시	영광마학 운영	9	95,172	3	7	3	7	1	1	1	1	1	1	3	3
333	전남 순천시	축제 합력축제 지원	9	75,855	3	7	8	7	5	5	1	1	1	1	3	3
334	전남 순천시	옥천 합력축제 지원	9	42,774	3	7	8	7	5	5	1	1	1	1	3	3
335	전남 순천시	연등생축 개발 출수지원	9	38,044	3	7	8	7	5	5	1	1	1	1	3	3
336	전남 순천시	예진 우주유학 지원	9	11,963	3	7	8	7	5	5	1	1	1	1	3	3
337	전남 순천시	우수영광관광지 대수지원 지원사업	9	840,678	4	7	8	7	5	5	4	5	5	4	4	4
338	전남 순천시	해양미디어축제	9	661,631	3	7	8	7	5	5	1	1	1	1	3	3
339	전남 순천시	중부 탄산단지	8	105,040	8	1	1	1	1	1	1	1	1	2	2	3
340	전남 순천시	관광정보홍보	8	6,119	8	1	1	1	2	2	1	1	1	1	4	4
341	전남 순천시	지역예축리디지 지원	11	58,719	8	1	1	1	1	1	1	1	1	2	2	3
342	전남 순천시	자원오스카노 해피아축제 지원	8	159,720	4	2	2	2	2	2	2	2	2	2	2	3
343	전남 순천시	동북 백련화축제 지원	8	48,797	4	1	1	1	1	1	1	1	1	1	1	4
344	전남 순천시	풍물축제 관광축제 지원	8	1,817,830	4	2	2	2	2	2	2	2	2	1	1	4
345	전남 순천시	반창청축 관광지 지원	8	58,650	4	1	1	1	1	1	1	1	1	1	1	4
346	전남 순천시	우수영광관광지 전신시 지원사업	8	105,040	4	1	1	1	2	2	4	4	4	4	4	4
347	전남 순천시	디지털관광도로 활성 콘텐츠 구축사업	8	118,720	4	1	1	2	2	2	1	1	1	1	4	4
348	전남 순천시	무안문화축제	8	577,700	4	2	2	2	1	1	1	1	1	1	4	4
349	전남 순천시	우안양축구축제	8	333,300	4	1	1	2	1	1	2	1	1	2	3(예산)	3(예산)
350	전남 순천시	취약계층 행복여행 지원	8	46,398	1,4	1	7	1	1	1	4	5	4	4	4	4
351	전남 순천시	동부 예술프로그램 운영 지원	9	60,564	4	2	7	2	2	2	1	1	2	4	4	4
352	전남 순천시	경남 산울림예술	9	332,698	3	2	7	2	1	1	1	1	2	3	1	1
353	전남 순천시	청남고수산물축제	9	1,008,051	3	2	7	2	1	1	1	1	2	1	1	1
354	전남 순천시	청정한도서관참여행	9	314,587	3	2	7	2	1	1	1	1	1	2	1	1

순번	시군구	사업명 (사업명)	관광사업 분류 1.여행업 2.관광숙박업 3.관광객이용시설업 4.국제회의업 5.카지노업 6.유원시설업 7.관광편의시설업 8.관광지 9.관광단지 10.관광특구 11.기타(시설명)	2025년예산 (단위:천원/1년간)	민간위탁 분류 (지자체마다 세부예산 항목기준이 다르므로 대분류로 일원화) 1.민간경상사업보조(307-02) 2.민간단체 법정운영비보조(307-03) 3.민간위탁사업비(307-04) 4.사회복지시설 법정운영비보조(307-10) 5.사회복지사업보조(307-11) 6.사회복지시설 운영비(307-12) 7.민간위탁금(307-13) 8.공기관등에대한경상적위탁사업비(308-13) 9.공사공단 경상전출금(309-01)	민간위탁자 근거 (대분류조를 관리기준 참고) 1.법률에 규정 2.국고보조 사업(국가지정) 3.조례 지정 개별 4.조례에 의거 5.지자체 기본방침 6.시도 정책 및 계획사항 7.기타 8.해당없음	계약체결방법 (경쟁형태) 1.일반경쟁 2.제한경쟁 3.지명경쟁 4.수의계약 5.경쟁공모 6.기타( ) 7.해당없음	계약기간 1.1년 2.2년 3.3년 4.4년 5.5년 6.기타(1년) 7.단기계약 8.해당없음	낙찰자선정방식 1.최저낙찰 2.협상에의한계약 3.최적가치낙찰 4.수의계약 5.건당 경쟁 6.기타( ) 7.해당없음	운영비선정 1.내부선정 (지자체 자체적으로 선정) 2.외부전문가심의 3.외부평가기관에 선정 4.해당사항 모두 선정 5.해당없음	정산방법 1.내부정산 2.외부평가기관에서 정산 3.해당사항 모두 선정 4.정산 등 5.해당없음	성과평가 실시여부 1.실시 2.미실시 3.현장 추진 4.해당없음	성과평가 주기 1.매년 2.격년 3.기타 4.해당없음	성과평가 실시 방법 1.자체 실시 2.평가기관 구성 후 실시 3.외부 평가기관 의뢰 4.기타( ) 5.해당없음	평가기준 적용방법 1.관련 조례 등 2.전문 평가기관 3.기타( ) 4.해당없음	실적 인센티브 및 페널티 적용 여부 1.매년 적용 2.적용 3.기타( ) 4.해당없음	평가결과 적용 인센티브 및 페널티 적용근거 1.조례 2.계약서 3.기타( ) 4.해당없음
358	경북 군위군	폐관광지정비	9	384,149	3	4	1	7	3	1	1	1	1	2	1	1
359	경북 군위군	열린관광지 사업선정사업 지원	8	183,175	8	4	7	7	7	1	1	1	1	1	1	4
360	경북 군위군	숙박업소 시설개선자금 지원	8	117,914	8	4	7	7	7	1	1	1	1	1	1	4
361	경북 군위군	공중위생업소 시설개선자금 지원	8	12,113	4	4	7	7	7	1	1	1	1	1	1	4
362	경북 군위군	위생업소 경상보조사업	8	46,721	8	4	7	7	7	1	1	1	1	1	1	4
363	경북 군위군	해양관광자원 지원육성소 시설지원	8	71,404	4	4	7	7	7	1	1	1	1	1	1	4
364	경북 군위군	종사원 임시대체 경지 지원사업	8	24,675	8	4	7	7	7	1	1	1	1	1	1	4
365	경북 군위군	제55회 진도 신비의 바닷길 축제	9	1,156,451	3	5	7	8	7	5	5	4	5	5	4	4
366	경북 군위군	국제렬빛축제	9	1,903,991	7	4	7	8	7	1	1	1	1	1	1	4
367	경북 군위군	모마루 한옥체험이촌	9	469,951	8	5	7	8	7	1	1	4	4	4	4	4
368	경북 포항시	포항 항목페스타	9	224,260	3	4	7	8	7	1	1	2	1	5	1	4
369	경북 포항시	포항불꽃축제	9	121,231	3	7	7	8	7	1	1	4	5	5	4	4
370	경북 포항시	인생로코리아영	9	80,740	3	4	7	8	7	3	3	4	5	5	4	4
371	경북 포항시	전국연날리기대회	9	65,148	3	4	7	8	7	1	1	1	1	1	1	4
372	경북 포항시	2025 포항 송도 비치 레트로 페스티벌	9	289,966	3	6	7	8	7	5	5	4	5	5	4	4
373	경북 포항시	포항시티투어운영	9	34,873	1	4	7	1	7	5	5	4	5	5	4	4
374	경북 포항시	포항관광사진 전국공모전	9	32,590	3	3	7	8	7	1	1	1	1	1	1	4
375	경북 포항시	경북동해관광진흥협의회 공동홍보추진	9	15,069	1	4	5	1	7	5	5	2	5	5	4	4
376	경북 포항시	포항종합레스타	9	27,619	8	5	7	5	7	1	1	4	5	5	4	4
377	경북 포항시	귀어고 귀사업 및 신규어촌 관리 운영비	9	605,640	8	2	7	3	7	3	3	4	5	5	4	4
378	경북 포항시	지역 관광브랜드 구축 특화콘텐츠 개발운영	9	713,848	8	2	7	1	7	1	1	2	1	1	2	4
379	경북 포항시	관광서비스 향상지원	3	218,545	8	6	5	8	7	5	5	4	5	5	4	4
380	경북 안동시	2023년 권역별 관광사업 위탁사업비	9	113,516	3	5	7	8	7	5	5	4	5	5	4	4
381	경북 안동시	2023년 안동시 문화예술 제작지원, 위탁사업비	9	113,558	8	6	7	8	7	5	5	4	5	5	4	4
382	경북 안동시	2023년 세계탈문화예술연맹 업무위탁 운영비	8	420,451	8	4	7	8	7	1	1	4	5	5	4	4
383	경북 안동시	경북나눔들 누리길 관리사업 위탁사업비	9	60,626	8	7	2	5	7	5	5	4	5	5	4	4
384	경북 안동시	2023년 안동사랑위원회 운영비	1	172,581	4	5	7	3	6(공모)	3	3	3	3	3	3(시도민위원회 등)	2
385	경북 안동시	2023 안동 탈춤축제	9	102,990	8	8	7	8	7	1	1	4	5	5	4	4
386	경북 안동시	2023 경북 수 관광축제 진흥사업 위탁사업비	9	86,232	8	8	7	8	7	1	1	4	5	5	4	4
387	경북 안동시	2023년도 제21회 안동전통무대회운영	9	28,300	1	1	7	1	7	1	1	4	5	5	4	4
388	경북 안동시	2023 도산공원육성운동공원운영	9	40,506	8	4	7	8	6	3	3	2	4	4	4	4
389	경북 안동시	주요도로 및 관광지주변경관조성 위탁사업비	9	1,110,361	8	6	7	8	7	1	1	4	5	5	4	4
390	경북 안동시	2023년 도시공원 운영 업무대행	9	32,769	8	5	7	8	7	1	1	4	5	5	4	4
391	경북 안동시	관광안내 및 홍보운영 위탁사업비	9	121,231	8	5	7	8	7	1	1	4	5	5	4	4
392	경북 안동시	관광사업 후원 관련 체제 대회지원	9	17,514	8	5	7	8	7	1	1	4	5	5	4	4

- 10 -

순번	시구	사업명	관광사업 분류	2023년예산(단위:천원/15건)	민간이전자출근거	계약방법(경쟁형태)	입찰형식 계약기간	낙찰자선정방식	운영방식 산정	운영예산 산정	성과평가 실시여부	성과평가 주기	성과평가 실시방법	평가기준 적용방법	실제 인센티브/페널티 적용 여부	인센티브/페널티 적용근거
398	경북 안동시	2023년 안동 축제 아카이브 구축 및 복지 발굴 위탁사업	9	64,025	5	7	8	7	1	1	4	5	5	4	4	4
399	경북 안동시	2023 안동축제 서포터즈 위탁사업	9	34,954	5	7	8	7	1	1	4	5	5	4	4	4
400	경북 안동시	2023 안동주 체험관 운영사업	9	62,294	4	7	8	7	1	1	4	5	5	4	4	4
401	경북 안동시	2023년 안동형 SMILE 씨앗앤리기 사업	9	122,282	4	5	8	7	1	1	1	1	1	1	1	4
402	경북 안동시	2023년도 문화관광행사 및 관광안내소 이용만족도 조사	8	24,926	7	7	8	7	1	1	1	1	1	3	2	4
403	경북 안동시	여름휴재(가족) 개최 위탁사업	9	160,408	5	7	8	7	1	1	4	5	5	4	4	4
404	경북 안동시	안동관광 빅크리에이터 육성사업	9	59,410	4	7	8	7	1	1	4	5	5	4	4	4
405	경북 안동시	2023 고등학 개최프로그램	9	91,695	7	7	8	7	1	5	4	5	5	4	4	4
406	경북 안동시	2023 고등학 개최사업	9	62,882	4	7	8	7	1	1	4	5	5	4	4	4
407	경북 안동시	고객사업 전문관 운영화사업	8	123,435	7	6	1	6	1	1	4	5	5	4	2	4
408	경북 안동시	2023 야간관광콘텐츠 개발 운영사업	9	68,110	4	7	8	7	1	1	1	1	1	3	4	4
409	경북 안동시	안동국제탈춤페스티벌 2023 개최	9	2,119,678	5	7	8	7	1	1	4	5	5	4	4	4
410	경북 안동시	2023년 문화관광축제 개최 위탁사업	8	948,457	7	5	8	7	1	1	4	5	5	3	2	4
411	경북 안동시	2023 하회별신굿탈놀이 여간상설공연	1	117,832	4	7	8	7	1	1	4	5	5	4	4	4
412	경북 안동시	일풍축제 홍보배너(안내쇼) 및 7가지 홍보	9	448,520	5	7	8	7	1	1	4	5	5	4	4	4
413	경북 안동시	얼풍축제 미디어스 운영사업	9	56,758	5	7	8	7	1	1	4	5	5	4	4	4
414	경북 안동시	2023년 ODA 국가대표 국제문화교류페스 티벌	9	44,941	2	7	8	7	1	1	4	5	5	4	1	1
415	경북 안동시	「지역관광추진조직 육성화사업 보조사업」	1	1,110,272	5	7	8	7	3	1	4	5	5	4	4	4
416	경북 안동시	2023년 축제참여 시민프로그램 공모 지원 위탁사업	9	61,738	5	7	8	7	1	1	4	5	5	4	4	4
417	경북 안동시	2023년 일품축제 서체프로그램 운영 위탁사업	9	102,130	4	7	8	6	1	1	4	5	5	4	4	4
418	경북 안동시	2023년 일품축제 야간 이벤트, 개최 위탁사업	3	69,908	4	2	7	1	1	5	2	1	1	4	4	3
419	경북 안동시	메타 OMO 사업	8	123,291	2	6	1	6	1	5	4	5	5	4	4	4
420	경북 안동시	관광안내소 운영사업	8	239,269	7	5	1	7	5	1	4	5	5	3	3	4
421	경북 안동시	2023년 축제홍보 종합소동 서비스	9	289,301	4	5	1	7	2	1	4	5	5	3	2	4
422	경북 안동시	축제문화재 축소활동 지원사업	9	220,667	4	5	1	7	2	1	4	5	5	3	2	4
423	경북 안동시	선선문화관광 사이트프로그램 운영 추진사업	9	186,883	4	5	1	7	2	1	4	5	5	4	2	4
424	경북 안동시	세계유교교류센터 유교문화 활동사업	9	19,205	4	6	1	6	1	1	4	5	5	4	4	4
425	경북 안동시	관광종사원 감정공유 양성 프로그램 추진사업	9	24,401	1	1	1	1	1	1	4	5	5	4	4	4
426	경북 안동시	3대문화권 축속사업 운영	9	176,825	4	2	1	2	5	5	4	5	5	4	4	4
427	경북 안동시	3대문화권 선도도시 사업 위탁운영	9	6,540,912	4	2	1	2	2	1	4	5	5	4	4	4
428	경북 안동시	마이스 관련 유치지원 사업	8	265,328	5	7	8	7	2	3	4	5	5	4	4	4
429	경북 안동시	3대문화권 선도도시 관광콘텐츠 사업	11	8,174,000	4	2	3	2	2	3	3	3	3	3	3	3
430	경북 안동시	구미광광콘텐츠 운영	11	1,375,277	9	4	3	6	1	1	1	3	3	2	2	4
431	경북 안동시	구미시관공안내소 확충	8	645,465	4	4	3	2	1	1	1	1	1	1	1	4
432	경북 영주시	영주동물원놀이공원 운영 및 주변시설물 관리운영	8	32,639	1	1	3	2	2	1	3	3	5	4	4	4

순번	시군구	사업명 (사업명)	관련세부분류 1. 여행업 2. 관광숙박업 3. 관광객이용시설업 4. 국제회의업 5. 카지노업 6. 테마파크업 7. 관광편의시설업 8. 관광지 9. 관광단지 10. 관광특구 11. 기타 (시설명)	2025년예산 (단위:천원/1년간)	민간인 분류 (지방재정에 사용하신 발행기준에 참가)	민간위탁자출 근거 (법령조항 관련기준 참고) 1. 법률에 규정 2. 고유사무 개별법(307-03) 3. 도로 지방 개발(307-04) 4. 조례에 규정근거 5. 지자체가 개별하는 사업 아닌 공공기관 6. 계약 행위 및 계정사항 7. 과제 8. 해당없음	계약방식 (경쟁형태) 1. 일반경쟁 2. 지명경쟁 3. 제한경쟁 4. 수의계약 5. 민간경쟁 6. 기타 7. 해당없음	계약기간 1. 1년 2. 2년 3. 3년 4. 4년 5. 5년 6. 기타 (1년) 7. 단기계약 (1년미만) 8. 해당없음	낙찰자선정방식 1. 적격심사 2. 협상에의한계약 3. 2단계 경쟁입찰 4. 기타 () 5. 해당없음	운영비선정 1. 내부선정 (지자체 자체적으로 선정) 2. 외부선정 3. 내외부 모두 선정 4. 선정 無 5. 해당없음	정산방법 1. 내부정산 (지자체 내부으로 정산) 2. 외부정산 (외부전문기관에 정산) 3. 내외부 모두 선정 4. 정산 無 5. 해당없음	성과평가 실시여부 1. 실시 2. 미실시 3. 향후 추진 4. 해당없음	성과평가 주기 1. 매년 2. 격년 3. 기간만료 4. 기타 () 5. 해당없음	성과평가 실시 방법 1. 기관 실시 2. 평가기구 구성 후 실시 (전문위원 설정) 3. 전문 평가기관 의뢰 4. 기타 () 5. 해당없음	평가기준 적용방법 1. 공인 조례 적용 2. 자체 평가기관 의뢰 3. 기타 () 4. 해당없음	실제 인선으로 채용여부 1. 채용 채용 2. 채용 없음 3. 기타 () 4. 해당없음	인선근무 및 채용 채용근거 1. 조례 2. 계약서 3. 기타 () 4. 해당없음
438	경북 경주시	청소년 여행교육 관리운영	11	573,761	4	1	3	6	2	2	1	1	1	1	3	1
439	경북 상주시	낙동강문학관 위탁운영	3	98,291	4	1	3	2	1	1	4	5	5	4	4	4
440	경북 상주시	거루후 영어이기라여 위탁운영	7	347,139	4	2	3	1	2	1	1	1	1	4	1	1
441	경북 경주시	관광단지조성인프라 위탁운영(관리)	3	298,129	8	4	6	7	1	1	4	1	5	4	4	4
442	경북 경주시	사회복지시설 법정운영(신뢰교보조기)	3	667,068	8	4	6	7	1	1	4	1	5	4	4	4
443	경북 경주시	관광진흥시설 운영 대행사업비(문화예종)	3	409,648	8	4	6	7	1	1	4	1	5	4	4	4
444	경북 경주시	관광단지축제 운영 대행시업비(기초유지관리)	3	128,577	8	4	6	7	1	1	4	1	5	4	4	4
445	경북 경주시	관광단지 청소 운영 대행시업비(청소부)	6	1,816,732	8	4	6	7	1	1	4	1	5	4	4	4
446	경북 경주시	관광단지 조경 운영 대행시업비(조경관리비용)	2	252,049	8	4	6	7	1	1	4	1	5	4	4	4
447	경북 문경시	관광정보안내소 관리운영	11	44,275	5	5	1	2	3	2	4	3	2	4	4	4
448	경북 경주시	한국문화테마 운영	11	332,790	4	1	3	2	2	5	2	5	5	4	4	4
449	경북 경주시	박세영전문서 운영	11	416,724	7	1	5	2	1	1	5	5	5	4	4	4
450	경북 경주군	특사원박각	11	635,710	4	2	4	2	2	2	1	1	4	3	4	3
451	경북 경주군	한국외미타문	7	127,677	4	4	3	1	5	5	1	1	1	4	4	4
452	경북 경주군	청도신화동특마을	6	104,995	1	1	1	1	1	1	4	5	5	4	4	4
453	경북 청도군	청도신화동특마을	6	210,924	4	4	6	7	1	1	1	1	1	4	4	4
454	경북 청도군	새해운동특관 관리기반운영 위탁운영	6	504,495	4	7	6	7	1	1	4	5	5	4	4	4
455	경북 청도군	청도보시간	11	551,200	3	2	7	3	2	2	4	5	3	2	4	2
456	경북 청도군	청도대관원민속마을	11	189,952	3	7	8	7	2	3	1	1	5	4	4	4
457	경북 청도군	2025년충주탈기거내활용구요지원	11	21,624	1	7	8	7	1	1	1	1	4	4	4	4
458	경북 청도군	청도영양휴게	11	107,100	1,4	7	8	7	1	1	1	1	4	4	4	4
459	경북 영양군	역도운영관리	3	26,772	4	4	2	1	1	1	4	4	5	4	4	4
460	경북 문경시	역내라문화축제 운영원리	11	29,855	8	3	1	7	1	1	4	5	5	1	1	1
461	경북 문경시	관광관진 구미용소	11	812,808	8	4	3	1	1	1	4	5	5	4	4	4
462	도시구	네곡운영센터 위탁관리운영 지원	11	36,532	1,4	4	1	7	2	2	4	3	3	4	3	4
463	도시구	관광지청소관리용역	11	217,350	8	7	7	7	2	2	4	4	4	4	2	4
464	경북 문경시	네곡대문관인속마을	11	268,842	1,2	6	8	7	3	3	2	5	4	1	1	1
465	경북 문경시	관광사업의 사업 지원	11	29,539	6	1	1	8	1	1	1	1	1	4	4	4
466	경북 경주시	청장사문화의 운영비 지원	11	49,243	1,4	7	2	8	1	1	4	5	4	4	4	4
467	경북 경주시	지주축동풍행 운영지원	8	15,756	1	4	3	3	1	1	4	1	5	4	4	4
468	경북 경주시	관장 관리구 및 창업지원 운영	2	410,648	6	1	2	7	2	1	4	5	4	1	4	4
469	경북 경주시	관광방송진 요청 및 업진시업센터 운영	8	220,584	4	6	6	6	1	1	4	5	4	4	4	4
470	경남 김해시	김해성예방통합	11	4,772	3	4	3	2	3	3	1	3	3	3	1	3
471	경남 김해시	김해대통운영진 운영비 지원	11	286,416	4	4	8	7	1	1	1	1	4	4	4	3
472	경남 김해시	김해국성관 운영비 지원	11	236,900	4	2	8	7	1	1	1	1	4	4	4	4
473	경남 김해시	게이만국사민 문화축제시민 운영 민간위탁	11	718,740	1	4	3	6	1	1	4	3	4	1	4	4
474	경남 진주시	진주성장 관리용역 민간위탁	11	41,570	4	4	3	7	2	1	1	1	1	1	1	4
475	경남 김해시	대통영청경 관리용역 위탁운영	11	102,816	4	6	6	6	1	1	1	3	4	4	4	4
476	경남 김해시	대한민국분단도시산림	11	23,230	4	7	8	7	5	5	4	3	4	4	1	3
477	경남 김해시	동북관광 지원사업	3	16,786	1	2	8	7	5	5	4	5	5	4	4	4

- 12 -

순번	시군구	사업명 (사업명)	관광사업 분류 1.여행업 2.관광숙박업 3.관광객이용시설업 4.국제회의업 5.카지노업 6.유원시설업 7.관광편의시설업 8.관광지 9.관광단지 10.관광특구 11.기타(사업명)	2025년예산 (단위:천원/1년간)	민간위탁 분류 (지방자치법 세부예산 집행기준에 의거) 1.민간경상사업보조(307-02) 2.민간단체법정운영보조(307-03) 3.민간행사사업보조(307-04) 4.민간위탁금(307-05) 5.사회복지시설 법정운영보조(307-10) 6.민간위탁사업보조(307-11) 7.민간인위탁교육비(307-12) 8.공기관등에경상(자본)위탁사업비(308-13) 9.공사공단경상전출금(309-01)	민간위탁자 근거 (지방보조금 관리기준 별도) 1.법률 규정 2.국고보조 지원(국가지침) 3.용도 지정 기부금 4.조례 지정규정 5.지자체가 권장하는 사업 하는 공공기관 6.시,도 정책 및 계획사항 7.기타 8.해당없음	계약체결방식 (경쟁형태) 1.일반경쟁 2.제한경쟁 3.지명경쟁 4.수의계약 5.법정위탁 6.기타() 7.해당없음	입찰방식 계약기간 1.1년 2.2년 3.3년 4.4년 5.5년 6.기타(1년 7.장기계약 (1년이상) 8.해당없음	낙찰자선정방법 1.적격심사 2.협상에의한계약 3.최저가낙찰 4.규격가격동시 5.2단계 경쟁입찰 6.기타() 7.해당없음	운영 및 정산방법 운영방식 1.내부수행 (자체 자체재원으로 정산) 2.외부선정 (외부전문기관위탁 선정) 3.내외부 모두 선정 4.신청 5.해당없음	정산방법 1.내부정산 (자체 내부제도로 정산) 2.외부정산 (외부전문기관위탁 정산) 3.내외부 모두 선정 4.정상 불 5.해당없음	성과평가 실시여부 1.실시 2.미실시 3.향후 추진 4.해당없음	성과평가 성과평가 주기 1.매년 2.격년 3.기간만료 4.기타() 5.해당없음	성과평가 실시 방법 1.자체 실시 2.평가단 구성 후 실시 (전문위원 섭외) 3.전문 평가기관 의뢰 4.기타() 5.해당없음	평가기준 적용방법 1.관련 조례 적용 2.전문 평가기준 적용 3.기타() 4.해당없음	실제 인센티브 페널티 적용 유무 1.매년 적용 2.적용 안함 3.기타() 4.해당없음	인센티브 및 페널티 적용근거 1.조례 2.계약서 3.기타() 4.해당없음
478	경기 하남시	지역관광조직 사업 지원	11	118,810		2	7	8	7	1	1	1	3	3	3	4	4
479	경기 하남시	한산문화 캠핑페스티벌 개최	3	89,760		1	7	8	7	5	5	4	5	5	4	4	4
480	경기 하남시	사계관리원 경상전출금	3	17,525		4	5	5	7	1	1	1	1	4	3	1	3
481	경기 하남시	사계관리원 경상전출금	3,6	309,111		4	5	3	7	1	1	1	1	4	3	1	3
482	경기 하남시	제2회 일사세계문화 보드게임축제 개최	11	123,462		4	7	8	7	1	1	1	1	2	1	4	1
483	경기 하남시	마트모양 영화관광 유치지원 사업	11	36,915		4	7	8	7	1	1	4	5	2	4	4	4
484	경기 하남시	여행업설화관광프로그 지원(주식캠프)	11	12,730		2	7	8	7	1	5	1	5	5	3	4	1
485	경기 하남시	제18회 청소년댄스유유축제	9	372,453		4	7	7	2	1	3	1	1	4	3	1	1
486	경기 하남시	유체밀 라디언티어링	9	65,550		4	4	2	7	1	3	1	1	4	3	4	4
487	경기 하남시	장보교예술앙상블지원	11	33,434		4	7	8	7	1	1	4	5	5	4	4	4
488	경기 하남시	부용로운 (사)부용관현악단협의회 운영비 지원	9	3,629		1	5	2	7	5	5	4	5	5	4	4	4
489	경기 하남시	2025년도 (사)부용관현악단협의회 운영비 교육	9	5,933		2	7	8	7	1	1	4	5	5	4	4	4
490	경기 하남시	부용운 라이브문단 운영	9	153,036		3	7	8	7	1	1	4	5	5	4	4	4
491	경기 하남시	부용민속축제 개최	9	208,008		3	7	1	1	1	1	4	5	5	4	4	4
492	경기 하남시	2024년 일자창관광 자원으로 민간위탁	8	77,440		4	5	2	2	2	5	1	5	5	4	4	4
493	경기 하남시	지리산명확협의지 관리위탁 운영	3	124,442		4	7	8	7	1	1	1	1	5	4	4	4
494	경기 하남시	예산시 소리길 위탁행사사업	8	36,624		7	7	8	7	2	3	1	1	5	4	4	4
495	경기 하남시	황산정장 관리위탁	8	6,119		8	7	8	7	1	1	4	5	5	4	4	4
496	제주특별자치도	제주형 여행업계 공유오피스 지원사업	1	359,645		8	7	8	7	3	3	1	1	4	1	3(제별민적용)	1
497	제주특별자치도	여행업계 경영역 강화를 위한 디지털 전환 지원	1	231,132		8	7	8	7	3	3	1	1	4	1	3(제별민적용)	1
498	제주특별자치도	관광기념품 공모전 개최 및 상품개발 지원	9	207,852		8	1	3	1	1	3	1	3	3	2	3(제별민적용)	1
499	제주특별자치도	제주관광사례사업	1	201,122		8	1	3	1	1	3	1	3	3	2	3(제별민적용)	1
500	제주 제주시	제주올레 안내소 및 올레갈이지원 운영	11	699,006		4	4	3	7	1	3	1	3	2	2	4	4

- 13 -

배 성 기 (裵 成 基)

| 약 력 |

現 공공서비스연구원 원장, 한국민간위탁연구소 소장, 한국공공서비스연구소 소장, 한국사회적가치연구소 소장, 한국지방의정연구소 소장, 단국대학교 경영학 박사, 가천대학교 회계학 석사

現 단국대학교 경영학과 외래교수

現 파주시청 민간위탁 운영심의위원, 은평구청 민간위탁 적정성운영위원

現 중랑구의회 의정자문위원, 한국의정연구회 지방의회연구소 초빙교수

現 송파구 민간위탁 운영평가위원, 사회적기업 육성 위원

現 성북구 사회적경제 육성위원, 성북민관협치 운영위원

現 국민권익위원회 부패영향평가 자문위원

現 가천대학교 사회적기업과고용관계연구소 비상임 선임연구원

現 에코아이 지속가능경영연구소 비상임 소장

現 (재)현대산업경제연구원 비상임 연구위원

前 서울시 민간위탁 원가분석 자문위원

前 단국대학교 경제학과 외래교수

| 주요 연구수행실적 |

「정부 및 지자체 등으로부터 위탁받은 사업 매뉴얼 구축 용역」

「2017년 재정사업 성과평가 용역(산림자원육성)」

「농림축산식품 정보화사업 성과관리체계 구축 연구」

「자동차전용도로 효율적 관리를 위한 직무분석 용역」

「산림문화휴양촌 관리운영 방안 수립 연구 용역」

「생활폐기물 수집·운반 및 처리시설 민간위탁 타당성 및 운영효율화 방안」

「산업단지 폐수처리시설 민간위탁 타당성 및 운영효율화 방안」

「종합사회복지관 민간위탁 타당성 및 운영효율화 방안」

「장애인복지관 민간위탁 타당성 및 운영효율화 방안」

「노인종합복지관 민간위탁 타당성 및 운영효율화 방안」

「아동·청소년시설 민간위탁 타당성 및 운영효율화 방안」

「소각장 민간위탁 타당성 및 운영효율화 방안」

「자동집하시설 민간위탁 타당성 및 운영효율화 방안」

「가로등관리 민간위탁 타당성 및 운영효율화 방안」

「공원관리 민간위탁 타당성 및 운영효율화 방안」

「문화예술·체육시설 운영관리 민간위탁 타당성 및 운영효율화 방안」 외 다수

| 주요 저술실적 |

저서 : 지방자치단체 민간위탁 운영관리메뉴얼 Ⅰ, Ⅱ, Ⅲ권, 민간위탁 원가산정, 공공관리와 성과, 민간위탁 조례 및 계약 관리 방안, 하수처리시설 민간위탁 서비스 평가, 공공하수도시설 민간위탁 서비스 경영, 생활폐기물 수집·운반 및 처리시설 민간위탁 서비스 경영 등

번역 : OECD 정부기능 및 정부서비스 민간위탁 외 4권

논문 : 민간위탁서비스 핵심운영요인이 운영성과에 미치는 영향에 관한 실증 연구(2014) 등 3개

발표 : 한국생산관리학회, 한국구매조달학회, 한국관광경영학회 등 다수

KCOMI 발간도서 소개

● 민간위탁 통계

KCOMI 통계
2025 전국 지방자치단체 민·관 협업사무 운영 현황 I
민간위탁금(307-05)
사회복지시설법정운영비보조(307-10)
민간인위탁교육비(307-12)
공기관등에대한경상적대행사업비(308-10)

본 도서는 전국 17개 광역자치단체를 포함한 243개 지방자치단체의 2021년 민관 협업사무 운영 현황으로서 국내에서 유일하게 전국 민관 협업사무 운영 현황을 파악할 수 있는 자료이다. 해당 시리즈는 총 3권으로 제작되었다.

배성기 지음
한국민간위탁경영구소
2025년 3월 출간

KCOMI 통계
2025 전국 지방자치단체 민·관 협업사무 운영 현황 II
민간위탁금(307-05)
사회복지시설법정운영비보조(307-10)
민간인위탁교육비(307-12)
공기관등에대한경상적대행사업비(308-10)

본 도서는 전국 17개 광역자치단체를 포함한 243개 지방자치단체의 2021년 민관 협업사무 운영 현황으로서 국내에서 유일하게 전국 민관 협업사무 운영 현황을 파악할 수 있는 자료이다. 해당 시리즈는 총 3권으로 제작되었다.

배성기 지음
한국민간위탁경영구소
2025년 3월 출간

KCOMI 통계
2025 전국 지방자치단체 민·관 협업사무 운영 현황 III
민간위탁금(307-05)
사회복지시설법정운영비보조(307-10)
민간인위탁교육비(307-12)
공기관등에대한경상적대행사업비(308-10)

본 도서는 전국 17개 광역자치단체를 포함한 243개 지방자치단체의 2021년 민관 협업사무 운영 현황으로서 국내에서 유일하게 전국 민관 협업사무 운영 현황을 파악할 수 있는 자료이다. 해당 시리즈는 총 3권으로 제작되었다.

배성기 지음
한국민간위탁경영구소
2025년 3월 출간

KCOMI 통계
2024 전국 지방자치단체 중간지원조직 위탁 운영현황
민간위탁금(307-05)
사회복지시설법정운영비보조(307-10)
민간인위탁교육비(307-12)
공기관등에대한경상적대행사업비(308-10)

본 도서는 전국 17개 광역자치단체를 포함한 243개 지방자치단체의 2021년 민관 협업사무 운영 현황으로서 국내에서 유일하게 전국 민관 협업사무 운영 현황을 파악할 수 있는 자료이다.

배성기 지음
한국민간위탁경영구소
2024년 10월 출간

KCOMI 통계
2024 전국 지방자치단체 정보화사업 추진현황

민간위탁금(307-05)
사회복지시설법정운영비보조(307-10)
민간인위탁교육비(307-12)
공기관등에대한경상적대행사업비(308-10)

본 도서는 전국 17개 광역자치단체를 포함한 243개 지방자치단체의 2021년 민관 협업사무 운영 현황으로서 국내에서 유일하게 전국 민관 협업사무 운영 현황을 파악할 수 있는 자료이다.

배성기 지음
한국민간위탁경영구소
2024년 10월 출간

KCOMI 통계
2024 전국 지방자치단체 사회복지시설 운영현황

민간위탁금(307-05)
사회복지시설법정운영비보조(307-10)
민간인위탁교육비(307-12)
공기관등에대한경상적대행사업비(308-10)

본 도서는 전국 17개 광역자치단체를 포함한 243개 지방자치단체의 2021년 민관 협업사무 운영 현황으로서 국내에서 유일하게 전국 민관 협업사무 운영 현황을 파악할 수 있는 자료이다.

배성기 지음
한국민간위탁경영구소
2024년 10월 출간

KCOMI 통계
2024 전국 지방자치단체 평생교육시설 운영현황

민간위탁금(307-05)
사회복지시설법정운영비보조(307-10)
민간인위탁교육비(307-12)
공기관등에대한경상적대행사업비(308-10)

본 도서는 전국 17개 광역자치단체를 포함한 243개 지방자치단체의 2021년 민관 협업사무 운영 현황으로서 국내에서 유일하게 전국 민관 협업사무 운영 현황을 파악할 수 있는 자료이다.

배성기 지음
한국민간위탁경영구소
2024년 10월 출간

KCOMI 통계
2024 전국 지방자치단체 청소년수련시설 운영현황

민간위탁금(307-05)
사회복지시설법정운영비보조(307-10)
민간인위탁교육비(307-12)
공기관등에대한경상적대행사업비(308-10)

본 도서는 전국 17개 광역자치단체를 포함한 243개 지방자치단체의 2021년 민관 협업사무 운영 현황으로서 국내에서 유일하게 전국 민관 협업사무 운영 현황을 파악할 수 있는 자료이다.

배성기 지음
한국민간위탁경영구소
2024년 10월 출간

KCOMI 통계
2024 전국 지방자치단체 문화예술시설 운영현황

민간위탁금(307-05)
사회복지시설법정운영비보조(307-10)
민간인위탁교육비(307-12)
공기관등에대한경상적대행사업비(308-10)

본 도서는 전국 17개 광역자치단체를 포함한 243개 지방자치단체의 2021년 민관 협업사무 운영 현황으로서 국내에서 유일하게 전국 민관 협업사무 운영 현황을 파악할 수 있는 자료이다.

배성기 지음
한국민간위탁경영구소
2024년 10월 출간

KCOMI 통계
2024 전국 지방자치단체 관광시설 운영현황

민간위탁금(307-05)
사회복지시설법정운영비보조(307-10)
민간인위탁교육비(307-12)
공기관등에대한경상적대행사업비(308-10)

본 도서는 전국 17개 광역자치단체를 포함한 243개 지방자치단체의 2021년 민관 협업사무 운영 현황으로서 국내에서 유일하게 전국 민관 협업사무 운영 현황을 파악할 수 있는 자료이다.

배성기 지음
한국민간위탁경영구소
2024년 10월 출간

KCOMI 통계
2024 전국 지방자치단체 체육시설 운영현황
민간위탁금(307-05)
사회복지시설법정운영비보조(307-10)
민간인위탁교육비(307-12)
공기관등에대한경상적대행사업비(308-10)

본 도서는 전국 17개 광역자치단체를 포함한 243개 지방자치단체의 2021년 민관 협업사무 운영 현황으로서 국내에서 유일하게 전국 민관 협업사무 운영 현황을 파악할 수 있는 자료이다.

배성기 지음
한국민간위탁경영구소
2024년 10월 출간

KCOMI 통계
2024 전국 지방자치단체 민원콜센터 운영현황
민간위탁금(307-05)
사회복지시설법정운영비보조(307-10)
민간인위탁교육비(307-12)
공기관등에대한경상적대행사업비(308-10)

본 도서는 전국 17개 광역자치단체를 포함한 243개 지방자치단체의 2021년 민관 협업사무 운영 현황으로서 국내에서 유일하게 전국 민관 협업사무 운영 현황을 파악할 수 있는 자료이다.

배성기 지음
한국민간위탁경영구소
2024년 10월 출간

KCOMI 통계
2024 전국 지방자치단체 폐기물처리시설 운영현황
민간위탁금(307-05)
사회복지시설법정운영비보조(307-10)
민간인위탁교육비(307-12)
공기관등에대한경상적대행사업비(308-10)

본 도서는 전국 17개 광역자치단체를 포함한 243개 지방자치단체의 2021년 민관 협업사무 운영 현황으로서 국내에서 유일하게 전국 민관 협업사무 운영 현황을 파악할 수 있는 자료이다.

배성기 지음
한국민간위탁경영구소
2024년 10월 출간

KCOMI 통계
2024 전국 지방자치단체 생활폐기물 수집운반 운영현황
민간위탁금(307-05)
사회복지시설법정운영비보조(307-10)
민간인위탁교육비(307-12)
공기관등에대한경상적대행사업비(308-10)

본 도서는 전국 17개 광역자치단체를 포함한 243개 지방자치단체의 2021년 민관 협업사무 운영 현황으로서 국내에서 유일하게 전국 민관 협업사무 운영 현황을 파악할 수 있는 자료이다.

배성기 지음
한국민간위탁경영구소
2024년 10월 출간

KCOMI 통계
2024 전국 지방자치단체 상수도시설 운영현황
민간위탁금(307-05)
사회복지시설법정운영비보조(307-10)
민간인위탁교육비(307-12)
공기관등에대한경상적대행사업비(308-10)

본 도서는 전국 17개 광역자치단체를 포함한 243개 지방자치단체의 2021년 민관 협업사무 운영 현황으로서 국내에서 유일하게 전국 민관 협업사무 운영 현황을 파악할 수 있는 자료이다.

배성기 지음
한국민간위탁경영구소
2024년 10월 출간

KCOMI 통계
2024 전국 지방자치단체 공공하수도시설 운영현황
민간위탁금(307-05)
사회복지시설법정운영비보조(307-10)
민간인위탁교육비(307-12)
공기관등에대한경상적대행사업비(308-10)

본 도서는 전국 17개 광역자치단체를 포함한 243개 지방자치단체의 2021년 민관 협업사무 운영 현황으로서 국내에서 유일하게 전국 민관 협업사무 운영 현황을 파악할 수 있는 자료이다.

배성기 지음
한국민간위탁경영구소
2024년 10월 출간

KCOMI 통계
2024 전국 지방자치단체
민·관 협업사무 운영 현황 I
민간위탁금(307-05)
사회복지시설법정운영비보조(307-10)
민간인위탁교육비(307-12)
공기관등에대한경상적대행사업비(308-10)

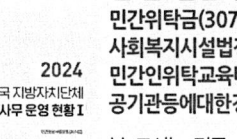

본 도서는 전국 17개 광역자치단체를 포함한 243개 지방자치단체의 2021년 민관 협업사무 운영 현황으로서 국내에서 유일하게 전국 민관 협업사무 운영 현황을 파악할 수 있는 자료이다. 해당 시리즈는 총 3권으로 제작되었다.

배성기 지음
한국민간위탁경영구소
2024년 2월 출간

KCOMI 통계
2024 전국 지방자치단체
민·관 협업사무 운영 현황 II
민간위탁금(307-05)
사회복지시설법정운영비보조(307-10)
민간인위탁교육비(307-12)
공기관등에대한경상적대행사업비(308-10)

본 도서는 전국 17개 광역자치단체를 포함한 243개 지방자치단체의 2021년 민관 협업사무 운영 현황으로서 국내에서 유일하게 전국 민관 협업사무 운영 현황을 파악할 수 있는 자료이다. 해당 시리즈는 총 3권으로 제작되었다.

배성기 지음
한국민간위탁경영구소
2024년 2월 출간

KCOMI 통계
2024 전국 지방자치단체
민·관 협업사무 운영 현황 III
민간위탁금(307-05)
사회복지시설법정운영비보조(307-10)
민간인위탁교육비(307-12)
공기관등에대한경상적대행사업비(308-10)

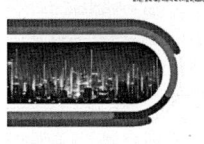

본 도서는 전국 17개 광역자치단체를 포함한 243개 지방자치단체의 2021년 민관 협업사무 운영 현황으로서 국내에서 유일하게 전국 민관 협업사무 운영 현황을 파악할 수 있는 자료이다. 해당 시리즈는 총 3권으로 제작되었다.

배성기 지음
한국민간위탁경영구소
2024년 2월 출간

KCOMI 통계
2024 중앙행정기관
행정사무 민간이전 운영현황
민간위탁금(307-05)
사회복지시설법정운영비보조(307-10)
민간인위탁교육비(307-12)
공기관등에대한경상적대행사업비(308-10)

본 도서는 전국 17개 광역자치단체를 포함한 243개 지방자치단체의 2021년 민관 협업사무 운영 현황으로서 국내에서 유일하게 전국 민관 협업사무 운영 현황을 파악할 수 있는 자료이다.

배성기 지음
한국민간위탁경영구소
2024년 2월 출간

KCOMI 통계
2023 전국 지방자치단체
민·관 협업사무 운영 현황
장애인 복지시설
민간위탁금(307-05)
사회복지시설법정운영비보조(307-10)
민간인위탁교육비(307-12)
공기관등에대한경상적대행사업비(308-10)

본 도서는 전국 17개 광역자치단체를 포함한 243개 지방자치단체의 2021년 민관 협업사무 운영 현황으로서 국내에서 유일하게 전국 민관 협업사무 운영 현황을 파악할 수 있는 자료이다.

배성기 지음
한국민간위탁경영구소
2023년 10월 출간

KCOMI 통계
2023 전국 지방자치단체
민·관 협업사무 운영 현황
청소년 수련시설
민간위탁금(307-05)
사회복지시설법정운영비보조(307-10)
민간인위탁교육비(307-12)
공기관등에대한경상적대행사업비(308-10)

본 도서는 전국 17개 광역자치단체를 포함한 243개 지방자치단체의 2021년 민관 협업사무 운영 현황으로서 국내에서 유일하게 전국 민관 협업사무 운영 현황을 파악할 수 있는 자료이다.

배성기 지음
한국민간위탁경영구소
2023년 10월 출간

KCOMI 통계
2023 전국 지방자치단체 민·관 협업사무 운영 현황 주차장

민간위탁금(307-05)
사회복지시설법정운영비보조(307-10)
민간인위탁교육비(307-12)
공기관등에대한경상적대행사업비(308-10)

본 도서는 전국 17개 광역자치단체를 포함한 243개 지방자치단체의 2021년 민관 협업사무 운영 현황으로서 국내에서 유일하게 전국 민관 협업사무 운영 현황을 파악할 수 있는 자료이다.

배성기 지음
한국민간위탁경영구소
2023년 10월 출간

KCOMI 통계
2023 전국 지방자치단체 민·관 협업사무 운영 현황 공원

민간위탁금(307-05)
사회복지시설법정운영비보조(307-10)
민간인위탁교육비(307-12)
공기관등에대한경상적대행사업비(308-10)

본 도서는 전국 17개 광역자치단체를 포함한 243개 지방자치단체의 2021년 민관 협업사무 운영 현황으로서 국내에서 유일하게 전국 민관 협업사무 운영 현황을 파악할 수 있는 자료이다.

배성기 지음
한국민간위탁경영구소
2023년 10월 출간

KCOMI 통계
2023 전국 지방자치단체 민·관 협업사무 운영 현황 관광시설

민간위탁금(307-05)
사회복지시설법정운영비보조(307-10)
민간인위탁교육비(307-12)
공기관등에대한경상적대행사업비(308-10)

본 도서는 전국 17개 광역자치단체를 포함한 243개 지방자치단체의 2021년 민관 협업사무 운영 현황으로서 국내에서 유일하게 전국 민관 협업사무 운영 현황을 파악할 수 있는 자료이다.

배성기 지음
한국민간위탁경영구소
2023년 10월 출간

KCOMI 통계
2023 전국 지방자치단체 민·관 협업사무 운영 현황 문화예술

민간위탁금(307-05)
사회복지시설법정운영비보조(307-10)
민간인위탁교육비(307-12)
공기관등에대한경상적대행사업비(308-10)

본 도서는 전국 17개 광역자치단체를 포함한 243개 지방자치단체의 2021년 민관 협업사무 운영 현황으로서 국내에서 유일하게 전국 민관 협업사무 운영 현황을 파악할 수 있는 자료이다.

배성기 지음
한국민간위탁경영구소
2023년 10월 출간

KCOMI 통계
2023 전국 지방자치단체 민·관 협업사무 운영 현황 재활용 선별시설

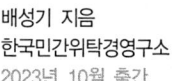

민간위탁금(307-05)
사회복지시설법정운영비보조(307-10)
민간인위탁교육비(307-12)
공기관등에대한경상적대행사업비(308-10)

본 도서는 전국 17개 광역자치단체를 포함한 243개 지방자치단체의 2021년 민관 협업사무 운영 현황으로서 국내에서 유일하게 전국 민관 협업사무 운영 현황을 파악할 수 있는 자료이다.

배성기 지음
한국민간위탁경영구소
2023년 10월 출간

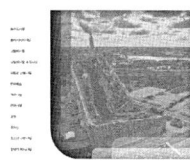

KCOMI 통계
2023 전국 지방자치단체 민·관 협업사무 운영 현황 생활폐기물 소각시설

민간위탁금(307-05)
사회복지시설법정운영비보조(307-10)
민간인위탁교육비(307-12)
공기관등에대한경상적대행사업비(308-10)

본 도서는 전국 17개 광역자치단체를 포함한 243개 지방자치단체의 2021년 민관 협업사무 운영 현황으로서 국내에서 유일하게 전국 민관 협업사무 운영 현황을 파악할 수 있는 자료이다.

배성기 지음
한국민간위탁경영구소
2023년 10월 출간

KCOMI 통계
2023 전국 지방자치단체 민·관 협업사무 운영 현황
생활폐기물

민간위탁금(307-05)
사회복지시설법정운영비보조(307-10)
민간인위탁교육비(307-12)
공기관등에대한경상적대행사업비(308-10)

본 도서는 전국 17개 광역자치단체를 포함한 243개 지방자치단체의 2021년 민관 협업사무 운영 현황으로서 국내에서 유일하게 전국 민관 협업사무 운영 현황을 파악할 수 있는 자료이다.

배성기 지음
한국민간위탁경영구소
2023년 10월 출간

KCOMI 통계
2023 전국 지방자치단체 민·관 협업사무 운영 현황
슬러지처리시설

민간위탁금(307-05)
사회복지시설법정운영비보조(307-10)
민간인위탁교육비(307-12)
공기관등에대한경상적대행사업비(308-10)

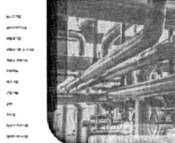

본 도서는 전국 17개 광역자치단체를 포함한 243개 지방자치단체의 2021년 민관 협업사무 운영 현황으로서 국내에서 유일하게 전국 민관 협업사무 운영 현황을 파악할 수 있는 자료이다.

배성기 지음
한국민간위탁경영구소
2023년 10월 출간

KCOMI 통계
2023 전국 지방자치단체 민·관 협업사무 운영 현황
하수도시설

민간경상사업보조(307-02)
민간단체법정운영비보조(307-03)
민간행사사업보조(307-04)

본 도서는 전국 17개 광역자치단체를 포함한 243개 지방자치단체의 2021년 민관 협업사무 운영 현황으로서 국내에서 유일하게 전국 민관 협업사무 운영 현황을 파악할 수 있는 자료이다.

배성기 지음
한국민간위탁경영구소
2023년 10월 출간

KCOMI 통계
2023 전국 지방자치단체 민·관 협업사무 운영 현황 통합본

민간위탁금(307-05)
사회복지시설법정운영비보조(307-10)
민간인위탁교육비(307-12)
공기관등에대한경상적대행사업비(308-10)

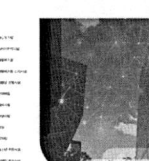

본 도서는 전국 17개 광역자치단체를 포함한 243개 지방자치단체의 2021년 민관 협업사무 운영 현황으로서 국내에서 유일하게 전국 민관 협업사무 운영 현황을 파악할 수 있는 자료이다.

배성기 지음
한국민간위탁경영구소
2023년 10월 출간

KCOMI 통계
2023 중앙행정기관 행정사무 민간이전 운영현황

민간경상사업보조(307-02)
민간단체법정운영비보조(307-03)
민간행사사업보조(307-04)

본 도서는 전국 17개 광역자치단체를 포함한 243개 지방자치단체의 2021년 민관 협업사무 운영 현황으로서 국내에서 유일하게 전국 민관 협업사무 운영 현황을 파악할 수 있는 자료이다.

배성기 지음
한국민간위탁경영구소
2023년 2월 출간

KCOMI 통계
2023 공공기관 민간위탁 운영 현황

민간위탁금(307-05)
사회복지시설법정운영비보조(307-10)
민간인위탁교육비(307-12)
공기관등에대한경상적대행사업비(308-10)

본 도서는 전국 17개 광역자치단체를 포함한 243개 지방자치단체의 2021년 민관 협업사무 운영 현황으로서 국내에서 유일하게 전국 민관 협업사무 운영 현황을 파악할 수 있는 자료이다.

배성기 지음
한국민간위탁경영구소
2023년 2월 출간

KCOMI 통계
2023 전국 지방자치단체 민·관 협업사무 운영 현황 I
민간경상사업보조(307-02)
민간단체법정운영비보조(307-03)
민간행사사업보조(307-04)

본 도서는 전국 17개 광역자치단체를 포함한 243개 지방자치단체의 2021년 민관 협업사무 운영 현황으로서 국내에서 유일하게 전국 민관 협업사무 운영 현황을 파악할 수 있는 자료이다. 해당 시리즈는 총 3권으로 제작되었다.

배성기 지음
한국민간위탁경영구소
2023년 2월 출간

KCOMI 통계
2023 전국 지방자치단체 민·관 협업사무 운영 현황 II
민간위탁금(307-05)
사회복지시설법정운영비보조(307-10)
민간인위탁교육비(307-12)
공기관등에대한경상적대행사업비(308-10)

본 도서는 전국 17개 광역자치단체를 포함한 243개 지방자치단체의 2021년 민관 협업사무 운영 현황으로서 국내에서 유일하게 전국 민관 협업사무 운영 현황을 파악할 수 있는 자료이다. 해당 시리즈는 총 3권으로 제작되었다.

배성기 지음
한국민간위탁경영구소
2023년 2월 출간

KCOMI 통계
2023 전국 지방자치단체 민·관 협업사무 운영 현황 III
민간경상사업보조(307-02)
민간단체법정운영비보조(307-03)
민간행사사업보조(307-04)

본 도서는 전국 17개 광역자치단체를 포함한 243개 지방자치단체의 2021년 민관 협업사무 운영 현황으로서 국내에서 유일하게 전국 민관 협업사무 운영 현황을 파악할 수 있는 자료이다. 해당 시리즈는 총 3권으로 제작되었다.

배성기 지음
한국민간위탁경영구소
2023년 2월 출간

KCOMI 통계 - Ebook
2023 전국 지방자치단체 민간위탁 운영현황
민간위탁금(307-05)
사회복지시설법정운영비보조(307-10)
민간인위탁교육비(307-12)
공기관등에대한경상적대행사업비(308-10)

본 도서는 전국 17개 광역자치단체를 포함한 243개 지방자치단체의 민간위탁금(307-06) 예산 운영 현황으로서, 예산 및 해당사무별 업체선정방법, 개별조례 유무, 원가산정기준, 서비스(성과)평가 유무 등을 파악할 수 있는 자료이다.

배성기 지음
한국민간위탁경영구소
2023년 2월 출간

KCOMI 통계
2022 전국 지방자치단체 민·관 협업사무 운영 현황 I
민간경상사업보조(307-02)
민간단체법정운영비보조(307-03)
민간행사사업보조(307-04)

본 도서는 전국 17개 광역자치단체를 포함한 243개 지방자치단체의 2021년 민관 협업사무 운영 현황으로서 국내에서 유일하게 전국 민관 협업사무 운영 현황을 파악할 수 있는 자료이다. 해당 시리즈는 총 3권으로 제작되었다.

배성기 지음
한국민간위탁경영구소
2022년 3월 출간

KCOMI 통계
2022 전국 지방자치단체 민·관 협업사무 운영 현황 II
민간위탁금(307-05)
사회복지시설법정운영비보조(307-10)
민간인위탁교육비(307-12)
공기관등에대한경상적대행사업비(308-10)

본 도서는 전국 17개 광역자치단체를 포함한 243개 지방자치단체의 2021년 민관 협업사무 운영 현황으로서 국내에서 유일하게 전국 민관 협업사무 운영 현황을 파악할 수 있는 자료이다. 해당 시리즈는 총 3권으로 제작되었다.

배성기 지음
한국민간위탁경영구소
2022년 3월 출간

KCOMI 통계
2022 전국 지방자치단체 민·관 협업사무 운영 현황Ⅲ

민간경상사업보조(307-02)
민간단체법정운영비보조(307-03)
민간행사사업보조(307-04)

본 도서는 전국 17개 광역자치단체를 포함한 243개 지방자치단체의 2021년 민관 협업사무 운영 현황으로서 국내에서 유일하게 전국 민관 협업사무 운영 현황을 파악할 수 있는 자료이다. 해당 시리즈는 총 3권으로 제작되었다.

배성기 지음
한국민간위탁경영연구소
2022년 3월 출간

KCOMI 통계 - Ebook
2022 전국 지방자치단체 민간위탁 운영현황

민간위탁금(307-05)
사회복지시설법정운영비보조(307-10)
민간인위탁교육비(307-12)
공기관등에대한경상적대행사업비(308-10)

본 도서는 전국 17개 광역자치단체를 포함한 243개 지방자치단체의 민간위탁금(307-06) 예산 운영 현황으로서, 예산 및 해당사무별 업체선정방법, 개별조례 유무, 원가산정기준, 서비스(성과)평가 유무 등을 파악할 수 있는 자료이다.

배성기 지음
한국민간위탁경영연구소
2022년 5월 출간

KCOMI 통계
2022 공공기관 민간위탁 운영현황

본 도서는 전국 340개 공공기관을 대상으로 2021년 전체사무 민간이전 운영현황을 파악할 수 있는 자료이다.

배성기 지음
한국민간위탁경영연구소
2022년 5월 출간

KCOMI 통계
2022 중앙행정기관 행정사무 민간이전 운영현황

본 도서는 전국 342개 중앙행정기관을 대상으로 2018년 민간이전 사업 현황을 분석한 자료로서 국내에서 유일하게 민간위탁 현황을 분석하여, 전국 민간위탁 사무의 관리 현황을 제시하고 있다.

배성기 지음
한국민간위탁경영연구소
2022년 5월 출간

KCOMI 통계
2021 전국 지방자치단체 민·관 협업사무 운영 현황 I
민간경상사업보조(307-02)
민간단체법정운영비보조(307-03)
민간행사사업보조(307-04)

본 도서는 전국 17개 광역자치단체를 포함한 243개 지방자치단체의 2021년 민관 협업사무 운영 현황으로서 국내에서 유일하게 전국 민관 협업사무 운영 현황을 파악할 수 있는 자료이다. 해당 시리즈는 총 3권으로 제작되었다.

배성기 지음
한국민간위탁경영구소
2021 3월 출간

KCOMI 통계
2021 전국 지방자치단체 민·관 협업사무 운영 현황 II
민간위탁금(307-05)
사회복지시설법정운영비보조(307-10)
민간인위탁교육비(307-12)
공기관등에대한경상적대행사업비(308-10)

본 도서는 전국 17개 광역자치단체를 포함한 243개 지방자치단체의 2021년 민관 협업사무 운영 현황으로서 국내에서 유일하게 전국 민관 협업사무 운영 현황을 파악할 수 있는 자료이다. 해당 시리즈는 총 3권으로 제작되었다.

배성기 지음
한국민간위탁경영구소
2021년 3월 출간

KCOMI 통계
2021 전국 지방자치단체 민·관 협업사무 운영 현황 III
민간경상사업보조(307-02)
민간단체법정운영비보조(307-03)
민간행사사업보조(307-04)

본 도서는 전국 17개 광역자치단체를 포함한 243개 지방자치단체의 2021년 민관 협업사무 운영 현황으로서 국내에서 유일하게 전국 민관 협업사무 운영 현황을 파악할 수 있는 자료이다. 해당 시리즈는 총 3권으로 제작되었다.

배성기 지음
한국민간위탁경영구소
2021 3월 출간

KCOMI 통계 - Ebook
2021 전국 지방자치단체 민간위탁 운영현황
민간위탁금(307-05)
사회복지시설법정운영비보조(307-10)
민간인위탁교육비(307-12)
공기관등에대한경상적대행사업비(308-10)

본 도서는 전국 17개 광역자치단체를 포함한 243개 지방자치단체의 민간위탁금(307-06) 예산 운영 현황으로서, 예산 및 해당사무별 업체선정방법, 개별조례 유무, 원가산정기준, 서비스(성과)평가 유무 등을 파악할 수 있는 자료이다.

배성기 지음
한국민간위탁경영구소
2021년 7월 출간

KCOMI 통계
2021 공공기관 민간위탁 운영현황

본 도서는 전국 340개 공공기관을 대상으로 2021년 전체사무 민간이전 운영현황을 파악할 수 있는 자료이다.

배성기 지음
한국민간위탁경영구소
2021년 5월 출간

KCOMI 통계
2021 중앙행정기관 행정사무 민간이전 운영현황

본 도서는 전국 342개 중앙행정기관을 대상으로 2018년 민간이전 사업 현황을 분석한 자료로서 국내에서 유일하게 민간위탁 현황을 분석하여, 전국 민간위탁 사무의 관리 현황을 제시하고 있다.

배성기 지음
한국민간위탁경영구소
2021년 5월 출간

KCOMI 통계 - Ebook
2020 전국 지방자치단체 민·관 협업사무 운영 현황 I
민간경상사업보조(307-02)
민간단체법정운영비보조(307-03)
민간행사사업보조(307-04)

본 도서는 전국 17개 광역자치단체를 포함한 243개 지방자치단체의 2020년 민관 협업사무 운영 현황으로서 국내에서 유일하게 전국 민관 협업사무 운영 현황을 파악할 수 있는 자료이다. 해당 시리즈는 총 3권으로 제작되었다.

배성기 지음
한국민간위탁경영구소
2020 7월 출간

KCOMI 통계 - Ebook
2020 전국 지방자치단체 민·관 협업사무 운영 현황 II
민간위탁금(307-05)
사회복지시설법정운영비보조(307-10)
민간인위탁교육비(307-12)
공기관등에대한경상적대행사업비(308-10)

본 도서는 전국 17개 광역자치단체를 포함한 243개 지방자치단체의 2020년 민관 협업사무 운영 현황으로서 국내에서 유일하게 전국 민관 협업사무 운영 현황을 파악할 수 있는 자료이다. 해당 시리즈는 총 3권으로 제작되었다.

배성기 지음
한국민간위탁경영구소
2020년 7월 출간

KCOMI 통계 - Ebook
2020 전국 지방자치단체 민·관 협업사무 운영 현황 III
민간자본사업보조,자체재원(402-01)
민간자본사업보조,이전재원(402-02)
민간위탁사업비(402-03)
공기관등에대한자본적위탁사업비(403-02)

본 도서는 전국 17개 광역자치단체를 포함한 243개 지방자치단체의 2020년 민관 협업사무 운영 현황으로서 국내에서 유일하게 전국 민관 협업사무 운영 현황을 파악할 수 있는 자료이다. 해당 시리즈는 총 3권으로 제작되었다.

배성기 지음
한국민간위탁경영구소
2020년 7월 출간

KCOMI 통계
2020 전국 지방자치단체 민·관 협업사무 운영 현황 통합본

본 도서는 전국 17개 광역자치단체를 포함한 243개 지방자치단체의 각 분야별 2018년 민관 협업사무 운영 현황으로 하수도시설, 하수슬러지건조화시설, 생활폐기물 수집운반, 생활폐기물 소각시설, 재활용 선별시설, 분화예술, 체육, 관광, 공원, 주차장, 청소년수련시설, 장애인복지시설의 운영 현황을 파악할 수 있는 자료이다.

배성기 지음
한국민간위탁경영구소
2020년 7월 출간

KCOMI 통계 - Ebook
2020 전국 지방자치단체 민·관 협업사무 운영 현황 |하수도시설|

본 도서는 전국 17개 광역자치단체를 포함한 243개 지방자치단체의 하수도시설에 대한 2020년 민관 협업사무 운영 현황을 파악할 수 있는 자료이다.

배성기 지음
한국민간위탁경영구소
2020년 5월 출간

KCOMI 통계 - Ebook
2020 전국 지방자치단체 민·관 협업사무 운영 현황 |하수슬러지건조화시설(소각포함)|

본 도서는 전국 17개 광역자치단체의 243개 지방자치단체의 하수슬러지건조화시설(소각포함)에 대한 2018년 민관 협업사무 운영 현황을 파악할 수 있는 자료이다.

배성기 지음
한국민간위탁경영구소
2020년 5월 출간

KCOMI 통계 - Ebook
2020 전국 지방자치단체 민·관 협업사무 운영 현황
|생활폐기물 수집운반

본 도서는 전국 17개 광역자치단체를 포함한 243개 지방자치단체의 생활폐기물 수집운반에 대한 2020년 민관 협업사무 운영 현황을 파악할 수 있는 자료이다.

배성기 지음
한국민간위탁경영구소
2020년 5월 출간

KCOMI 통계 - Ebook
2020 전국 지방자치단체 민·관 협업사무 운영 현황
|생활폐기물 소각시설

본 도서는 전국 17개 광역자치단체를 포함한 243개 지방자치단체의 생활폐기물 소각시설에 대한 2020년 민관 협업사무 운영 현황을 파악할 수 있는 자료이다.

배성기 지음
한국민간위탁경영구소
2020년 5월 출간

KCOMI 통계 - Ebook
2020 전국 지방자치단체 민·관 협업사무 운영 현황
|재활용 선별시설

본 도서는 전국 17개 광역자치단체를 포함한 243개 지방자치단체의 재활용 선별시설에 대한 2020년 민관 협업사무 운영 현황을 파악할 수 있는 자료이다.

배성기 지음
한국민간위탁경영구소
2020년 5월 출간

KCOMI 통계 - Ebook
2020 전국 지방자치단체 민·관 협업사무 운영 현황
|문화예술부문

본 도서는 전국 17개 광역자치단체를 포함한 243개 지방자치단체의 문화예술부문에 대한 2020년 민관 협업사무 운영 현황을 파악할 수 있는 자료이다.

배성기 지음
한국민간위탁경영구소
2020년 5월 출간

KCOMI 통계 - Ebook
2020 전국 지방자치단체 민·관 협업사무 운영 현황
|관광부문

본 도서는 전국 17개 광역자치단체를 포함한 243개 지방자치단체의 관광부문에 대한 2020년 민관 협업사무 운영 현황을 파악할 수 있는 자료이다.

배성기 지음
한국민간위탁경영구소
2020년 5월 출간

KCOMI 통계 - Ebook
2020 전국 지방자치단체 민·관 협업사무 운영 현황
|체육부문

본 도서는 전국 17개 광역자치단체를 포함한 243개 지방자치단체의 체육부문에 대한 2020년 민관 협업사무 운영 현황을 파악할 수 있는 자료이다.

배성기 지음
한국민간위탁경영구소
2020년 5월 출간

KCOMI 통계 - Ebook
2020 전국 지방자치단체 민·관 협업사무 운영 현황
|공원부문

본 도서는 전국 17개 광역자치단체를 포함한 243개 지방자치단체의 공원부문에 대한 2020년 민관 협업사무 운영 현황을 파악할 수 있는 자료이다.

배성기 지음
한국민간위탁경영구소
2020년 5월 출간

KCOMI 통계 - Ebook
2020 전국 지방자치단체 민·관 협업사무 운영 현황
|주차장시설

본 도서는 전국 17개 광역자치단체를 포함한 243개 지방자치단체의 체육부문에 대한 2020년 민관 협업사무 운영 현황을 파악할 수 있는 자료이다.

배성기 지음
한국민간위탁경영구소
2020년 5월 출간

KCOMI 통계 - Ebook
2020 전국 지방자치단체 민·관 협업사무 운영 현황
|청소년수련시설

본 도서는 전국 17개 광역자치단체를 포함한 243개 지방자치단체의 청소년수련시설에 대한 2020년 민관 협업사무 운영 현황을 파악할 수 있는 자료이다.

배성기 지음
한국민간위탁경영구소
2020년 5월 출간

KCOMI 통계 - Ebook
2020 전국 지방자치단체 민·관 협업사무 운영 현황
|장애인복지시설

본 도서는 전국 17개 광역자치단체를 포함한 243개 지방자치단체의 장애인복지시설에 대한 2020년 민관 협업사무 운영 현황을 파악할 수 있는 자료이다.

배성기 지음
한국민간위탁경영구소
2020년 5월 출간

KCOMI 통계
2019 전국 지방자치단체
민·관 협업사무 운영 현황 통합본

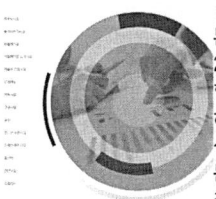

본 도서는 전국 17개 광역자치단체를 포함한 245개 지방자치단체의 각 분야별 2019년 민관 협업사무 운영 현황으로 하수도시설, 하수슬러지건조화시설, 생활폐기물 수집운반, 생활폐기물 소각시설, 재활용 선별시설, 문화예술, 체육, 관광, 공원, 주차장, 청소년수련시설, 장애인복지시설의 운영 현황을 파악할 수 있는 자료이다.

배성기 지음
한국민간위탁경영구소
2019년 출간

KCOMI 통계
2019 전국 지방자치단체
민·관 협업사무 운영 현황 I

민간경상사업보조(307-02)
민간단체법정운영비보조(307-03)
민간행사사업보조(307-04)

본 도서는 전국 17개 광역자치단체를 포함한 245개 지방자치단체의 2019년 민관 협업사무 운영 현황으로서 국내에서 유일하게 전국 민관 협업사무 운영 현황을 파악할 수 있는 자료이다. 해당 시리즈는 총 3권으로 제작되었다.

배성기 지음
한국민간위탁경영구소
2019년 출간

KCOMI 통계
2019 전국 지방자치단체
민·관 협업사무 운영 현황 II

민간위탁금(307-05)
사회복지시설법정운영비보조(307-10)
사회복지사업보조(307-11)

본 도서는 전국 17개 광역자치단체를 포함한 245개 지방자치단체의 2019년 민관 협업사무 운영 현황으로서 국내에서 유일하게 전국 민관 협업사무 운영 현황을 파악할 수 있는 자료이다. 해당 시리즈는 총 3권으로 제작되었다.

배성기 지음
한국민간위탁경영구소
2019년 출간

KCOMI 통계
2019 전국 지방자치단체
민·관 협업사무 운영 현황 III

민간인위탁교육비(307-12),
공기관등에대한경상적대행사업비(308-10)
공사공단경상전출금(309-01)
민간자본사업보조,자체재원(402-01)
민간자본사업보조,이전재원(402-02)
민간위탁사업비(402-03)
공기관등에대한자본적위탁사업비(403-02)
공사공단자본전출금(404-01)

본 도서는 전국 17개 광역자치단체를 포함한 245개 지방자치단체의 2019년 민관 협업사무 운영 현황으로서 국내에서 유일하게 전국 민관 협업사무 운영 현황을 파악할 수 있는 자료이다. 해당 시리즈는 총 3권으로 제작되었다.

배성기 지음
한국민간위탁경영구소
2019년 출간

KCOMI 통계 - Ebook
2019 전국 지방자치단체
민·관 협업사무 운영 현황
|하수도시설|

본 도서는 전국 17개 광역자치단체를 포함한 245개 지방자치단체의 하수도시설에 대한 2019년 민관 협업사무 운영 현황을 파악할 수 있는 자료이다.

배성기 지음
한국민간위탁경영구소
2019년 출간

KCOMI 통계 - Ebook
2019 전국 지방자치단체
민·관 협업사무 운영 현황
|슬러지처리시설|

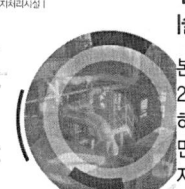

본 도서는 전국 17개 광역자치단체를 포함한 245개 지방자치단체의 하수슬러지건조화시설(소각포함)에 대한 2019년 민관 협업사무 운영 현황을 파악할 수 있는 자료이다.

배성기 지음
한국민간위탁경영구소
2019년 출간

KCOMI 통계 - Ebook
2019 전국 지방자치단체
민·관 협업사무 운영 현황
|생활폐기물 수집운반|

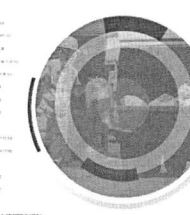

본 도서는 전국 17개 광역자치단체를 포함한 245개 지방자치단체의 생활폐기물 수집운반에 대한 2019년 민관 협업사무 운영 현황을 파악할 수 있는 자료이다.

배성기 지음
한국민간위탁경영구소
2019년 출간

KCOMI 통계 - Ebook
2019 전국 지방자치단체
민·관 협업사무 운영 현황
|생활폐기물 소각시설|

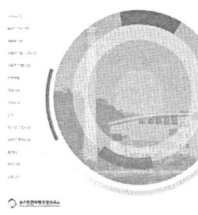

본 도서는 전국 17개 광역자치단체를 포함한 245개 지방자치단체의 생활폐기물 소각시설에 대한 2019년 민관 협업사무 운영 현황을 파악할 수 있는 자료이다.

배성기 지음
한국민간위탁경영구소
2019년 출간

KCOMI 통계 - Ebook
2019 전국 지방자치단체 민·관 협업사무 운영 현황
|재활용 선별시설|

본 도서는 전국 17개 광역자치단체를 포함한 245개 지방자치단체의 재활용 선별시설에 대한 2019년 민관 협업사무 운영 현황을 파악할 수 있는 자료이다.

배성기 지음
한국민간위탁경영연구소
2019년 출간

KCOMI 통계 - Ebook
2019 전국 지방자치단체 민·관 협업사무 운영 현황
|문화예술부문|

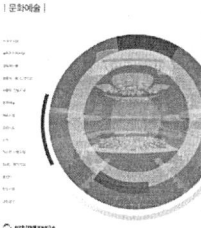

본 도서는 전국 17개 광역자치단체를 포함한 245개 지방자치단체의 문화예술부문에 대한 2019년 민관 협업사무 운영 현황을 파악할 수 있는 자료이다.

배성기 지음
한국민간위탁경영연구소
2019년 출간

KCOMI 통계 - Ebook
2019 전국 지방자치단체 민·관 협업사무 운영 현황
|관광부문|

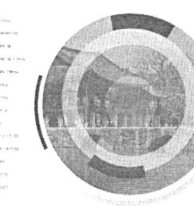

본 도서는 전국 17개 광역자치단체를 포함한 245개 지방자치단체의 관광부문에 대한 2019년 민관 협업사무 운영 현황을 파악할 수 있는 자료이다.

배성기 지음
한국민간위탁경영연구소
2019년 출간

KCOMI 통계 - Ebook
2019 전국 지방자치단체 민·관 협업사무 운영 현황
|체육부문|

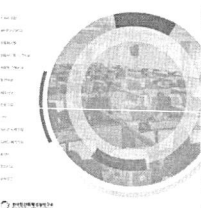

본 도서는 전국 17개 광역자치단체를 포함한 245개 지방자치단체의 체육부문에 대한 2019년 민관 협업사무 운영 현황을 파악할 수 있는 자료이다.

배성기 지음
한국민간위탁경영연구소
2019년 출간

KCOMI 통계 - Ebook
2019 전국 지방자치단체 민·관 협업사무 운영 현황
|공원|

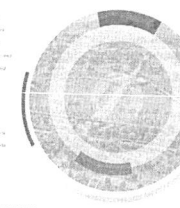

본 도서는 전국 17개 광역자치단체를 포함한 245개 지방자치단체의 공원부문에 대한 2019년 민관 협업사무 운영 현황을 파악할 수 있는 자료이다.

배성기 지음
한국민간위탁경영연구소
2019년 출간

KCOMI 통계 - Ebook
2019 전국 지방자치단체 민·관 협업사무 운영 현황
|콜센터|

본 도서는 전국 17개 광역자치단체를 포함한 245개 지방자치단체의 콜센터 업무에 대한 2019년 민관 협업사무 운영 현황을 파악할 수 있는 자료이다.

배성기 지음
한국민간위탁경영연구소
2019년 출간

KCOMI 통계 - Ebook
2019 전국 지방자치단체 민·관 협업사무 운영 현황
|청소년수련시설|

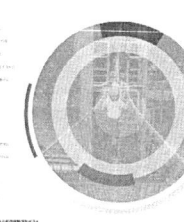

본 도서는 전국 17개 광역자치단체를 포함한 245개 지방자치단체의 청소년수련시설에 대한 2019년 민관 협업사무 운영 현황을 파악할 수 있는 자료이다.

배성기 지음
한국민간위탁경영연구소
2019년 출간

KCOMI 통계 - Ebook
2019 전국 지방자치단체 민·관 협업사무 운영 현황
|장애인복지시설|

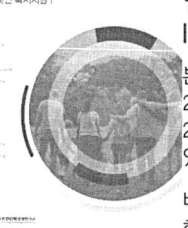

본 도서는 전국 17개 광역자치단체를 포함한 245개 지방자치단체의 장애인복지시설에 대한 2019년 민관 협업사무 운영 현황을 파악할 수 있는 자료이다.

배성기 지음
한국민간위탁경영연구소
2019년 출간

KCOMI 통계
2019 정보화사업 운영 현황

본 도서는 전국 지방자치단체, 중앙행정기관, 공공기관의 2019년 정보화사업을 대상으로 사업 현황을 분석한 운영 현황 자료이다.

배성기 지음
한국민간위탁경영연구소
2019년 8월 출간

SVI 통계 - Ebook
2019 공공기관 사회적 가치 구현사업 운영현황 | 통계자료 |

본 도서는 공공기관 사회적 가치 구현사업의 운영 현황에 대한 통계를 파악할 수 있는 자료이다.

배성기 지음
사회적 가치 연구소
2019년 7월 출간

● 민간위탁 운영 관리 매뉴얼

지방자치단체사무의 민간위탁서비스
운영관리매뉴얼 I
민간위탁조례 및 계약관리방안

민간위탁 성패의 키는 계약관리이다.
본 도서는 민간위탁 서비스를 공급함에 있어 사회적 문제와 이슈를 관리 할 수 있는 체계적인 조례 제정 및 계약관리방법론을 제시하고 있다.

배성기 지음
한국민간위탁경영구소 / 450페이지 / 40,000원

2012년 8월 출간

지방자치단체사무의 민간위탁서비스
운영관리매뉴얼 II
민간위탁 운영관리비용 산정

효율적인 서비스 제공을 위한 원가산정방법론 제시 민간위탁서비스의 대시민 만족도를 높이기 위한 시작은 적정한 비용산정과 지급에서 시작된다. 이를 위해 본 도서에서는 세부적인 원가산정 방법과 산정예시를 들어 설명하고 있다.

배성기 지음
한국민간위탁경영구소 / 409페이지 / 40,000원

2012년 8월 출간

지방자치단체사무의 민간위탁서비스
운영관리매뉴얼 III
민간위탁 서비스 평가

평가 없는 성장 없다.
본 도서에서는 민간위탁 서비스의 지속적인 성장 경영을 위한 경영학적 관리지표개발 및 서비스평가방안을 제시하고 있다.

배성기 지음
한국민간위탁경영구소 / 407페이지 / 40,000원

2012년 8월 출간

지방자치단체 민간투자사업 매뉴얼

지방자치단체 공무원들이 민간투자사업 정책 수립을 위한 전반적인 내용을 포괄적으로 다루어, 실무에 직접 적용할 수 있도록 방향을 제시하고 있다.

배성기 지음
한국민간위탁경영구소 / 247페이지 / 25,000원

2015년 9월 출간

● 민간위탁 서비스 경영

공공하수도시설 민간위탁 서비스경영

환경부통계를 기준으로 전국 공공하수처리시설 중 민간위탁으로 운영되는 시설은 318개소, 운영비는 5,000억 원, 운영인원은 3,642명이다. 민간위탁서비스의 질을 높이기 위해서는 시설관리만이 아닌 경영학적 기법이 도입된 체계적인 관리가 필요하다. 이를 위해서 본 도서에서는 공공하수도시설 민간위탁 서비스 경영을 위한 다양한 방안을 제시하고 있다.

배성기 · 안영진 · 박철휘 · 박종운 지음
한국민간위탁경영연구소 / 530페이지 / 40,000원

2012년 4월 출간

공공체육시설 민간위탁 서비스경영

전국 공공체육시설수는 15,137개소로 지속적으로 증가하고 있으며, 국민이 영위하고자 하는 공공체육서비스의 수준도 날로 증가 하고 있다. 이에 민간위탁으로 운영중인 공공체육시설의 서비스 수준의 향상을 위하여 본 도서에서는 공공체육시설 민간위탁 서비스 경영을 위한 다양한 방안을 제시하고 있다.

배성기 · 김영철 지음
한국민간위탁경영연구소 / 500페이지 / 40,000원

출간예정

관광시설 민간위탁 서비스경영

관광시설은 관광을 위한 편익을 제공하는 시설로서 숙박, 교통, 휴식시설 등을 통해 지역경제 활성화에 도움을 주고 있다. 이중 민간위탁으로 운영중인 관광시설을 대상으로 본 도서에서는 관광시설 민간위탁 서비스 경영을 위한 다양한 방안을 제시하고 있다.

배성기 · 김상원 · 김혜진 지음
한국민간위탁경영연구소 / 500페이지 / 40,000원

2015년 9월 출간

생활폐기물 수집·민간위탁 서비스경영

우리나라 일일 발생 생활폐기물량은 5만톤 수준으로 지자체에서는 소각, 매립, 재활용 등의 처리를 민간위탁을 통해 수행하고 있다. 본 도서는 민간위탁을 통해 생활폐기물을 처리하고 있는 지자체를 대상으로 효율적·효과적 관리기법을 제시하고 있다.

배성기 지음
한국민간위탁경영연구소 / 500페이지 / 40,000원

2012년 4월 출간

● 정부원가계산

**공기업·준 정부기관·기타 공공기관
정부원가계산의 이론과 실제**

공공감사법 적용대상기관인 중앙 41개 기관, 공공 272개 기관의 정부예산 지출시 합리적인 예산지출 및 효과성을 높이기 위해 본 도서는 정부원가계산의 올바른 방법을 이론과 사례를 기준으로 제시하고자 하였다.

배성기 지음
한국민간위탁경영연구소/400페이지/35,000원
2012년 8월 출간

● 사회적 기업 및 비영리 법인

**사회적기업 및 비영리법인의
공공부문 계약 입찰**

국가 공공서비스가 좀 더 선진 화 되기 위해서는 많은 사회적기업 및 비영리법인이 공공서비스 분야의 입찰 참가를 해야 한다. 정부와 동격의 파트너십을 통해 국민 모두를 파트너십의 수혜자로 만들기 위해 친절하고 자세하게 계약 참여 안내를 하고 있다.

배성기 옮김
한국민간위탁경영연구소 · scotland.gov.uk
/250페이지/30,000원
2012년 8월 출간

● 기타 민간위탁 분야 도서

**KCOMI통계 2013
전국 민간위탁 운영현황 분석**

본 도서는 민간위탁 본연의 목적과 기능을 유지하기 위해 발주처에서는 선택의 폭을 넓히고, 위탁기업들은 건전한 경쟁관계를 유도하기 위하여 전국 246개 지자체별 민간위탁 사무현황, 위탁예산현황, 위탁기업의 현황, 위탁기간 현황, 위탁자 선정방법 등을 조사·분석하였다.

배성기 지음
한국민간위탁경영연구소 / 513페이지 / 20,000원
2013년 8월 출간

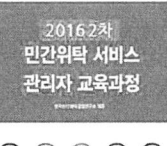

민간위탁 절차·평가 개선 교육교재

민간위탁제도가 도입된 지 13년이 지났지만 민간위탁에 대한 제도적 정비 및 운영상의 문제에 대한 지적은 끊이지 않는다. 본 도서는 민간위탁 사무를 추진함에 있어 꼭 필요한 조례, 계약, 비용, 평가 등의 내용을 중심으로 지방자치단체 공무원들의 정책결정을 돕고자 작성되었다.

배성기 지음
한국민간위탁경영연구소
민간위탁교육 참가자 배부용

**공공하수처리시설 민간위탁
서비스평가**

평가없는 성장 없다.
본 도서는 현행 공공하수처리시설 민간위탁 평가에 대한 법적 근거 및 제도에 대한 고찰을 통하여 보다 합리적인 민간위탁 서비스 평가 방안을 제시하고 있다.

배성기·안영진·박철휘·박종운 지음
한국민간위탁경영연구소 / 316페이지 / 25,000원
2011년 12월 출간

큰 사회(BIG Society)

영국 캐머런 총리의 큰 사회는 공공서비스 향상을 추구하며, 개념적으로는 국가를 반대하지 않으며 다양한 증거를 바탕으로 영국 사회를 지원하고 사회적 욕구를 충족시키는 현재 국가의 능력에 대해 깊이 있게 고민한다. 이는 우리나라에도 시사하는 바가 크므로 소개하고자 하였다.

배성기·이화진·김태현·남효응 옮김
나남출판사·UBP / 165페이지 / 15,000원
출간 예정

공공관리 번역 도서

분쟁 후 취약한 상황에서의 정부기능 및 정부서비스 민간위탁

본 역서는 원조의 비효율적 비효과적 집행을 방지하고, 수원국의 역량개발에 도움을 줄 수 있는 방안을 도모하여 현장실무자들과 정부의 정책입안자들과 협력하기 위한 안내서의 역할을 해 줄 것이다. 또한 선진국의 민간위탁제도 운영방법론은 국내에서 좋은 시사점을 제공하고 있다.

배성기 옮김
한국민간위탁경영연구소 · OECD / 165페이지 / 25,000원

2011년 11월 출간

지방정부 서비스계약 (Local Government Contract)

공공을 위한 최선의 거래를 추구하는데 있어서 책임성과 유연성, 공익성과 경제성 등을 최적으로 조합하는 것은 현대 서비스 계약업무의 핵심이다. 본 역서는 그 조합방식을 유용하게 제안하고 있다.

배성기 옮김
한국민간위탁경영연구소 · ICMA / 200페이지 / 30,000원

출간 예정

정부계약자들을 위한 가격책정 및 원가계산 (Pricing and Cost Accounting)

정부와 계약기간 중 요구사항을 준수하고, 이윤을 유지하기 위한 협상방법을 수록하고 있다. 입찰에 대한 변경요구 사항은 가격책정, 원가계산, 하도급 계약변경을 수반하며 이에 대한 정보를 제공하고 있다.

배성기 옮김
한국민간위탁경영연구소 · MC / 220페이지 / 25,000원

출간예정

서비스 수준관리 (Service Level Management)

서비스 수준관리(SLM)는 서비스 업무범위를 정의하여 서비스제공에 따른 업무목표, 해당부서 및 책임부서를 기술하고 고객과 서비스 공급업체의 업무분담을 명확히 하여 서비스 공급업체와 고객 양측 모두의 기대와 목적을 충족시키기 위한 내용을 기술하고 있다.

배성기 옮김
한국민간위탁경영연구소 · TAS / 240페이지 / 25,000원

출간 예정

공공관리와 성과 (Public Management and Performance)

공공서비스 성과가 뜻하는 바가 무엇이고, 이와 관련한 연구의 주요 성과는 무엇인가? 왜 관리가 중요한가? 연구자, 정책결정자, 실무자들에게 주는 함의는 무엇이며, 향후 과제는 무엇인가? 에 대해 저자들은 이야기 하고 있다.

배성기 · 김윤경 · 김영철 옮김
한국민간위탁경영연구소 · 캠브리지대학출판사 / 200페이지 / 35,000원

2012년 8월 출간

사회기반시설 자산관리 (Infrastructure Asset Management)

자산관리의 목표, 서비스 제공능력과 자산상태의 구체적 목표를 검토하고, 자산관리 활동을 최적화·체계화하기 위해 현재의 서비스 제공능력과 자산상태(condition)를 비교한다. 또 최적의 의사결정을 위해 필요한 재정적 고려사항에 대해서도 요약하고 있다.

유인균 · 박미연 · 배성기 옮김
한국민간위탁경영연구소 · CIRIA / 200페이지 / 35,000원

2012년 8월 출간

지방지치단체 사회적가치구현을 위한 공공조달프레임워크

영국의 중앙 및 지방정부기관들은 최저가 대신 사회적 가치를 고려해 최고가치(Best Value)를 지닌 쪽을 선택하도록 규정과 지침을 만들어 공공조달에 적용하고 있다.

이에, 영국의 사회적 가치 구현을 위한 조달규정 및 지침관련 사례를 발굴하여 국내에 홍보·전파하고자 출간하게 되었다.
배성기

브릿지협동조합 / 170페이지 / 25,000원

2016년 4월 출간

지방자치단체 공공서비스 혁신
협동조합도시 런던시 램버스구

영국 런던시 램버스구, 협동조합방식의 지방자치단체 경영과 공공서비스 혁신을 가능하게 하는 영국의 법·제도적 환경, 지자체조례, 지자체 경영원칙, 사회적·경제적·환경적 가치구현을 위한 목표달성전략 및 프로세스등을 자세히 소개하고 있다.

배성기 지음
브릿지협동조합 / 184페이지 / 25,000원

2016년 5월 출간

영국 중앙정부 및 지방정부 사회적 가치 구현 사례집

본 지침은 Highways England와 하도급업체가 2012년 공공서비스(사회적가치)법에 의한 서비스 공급과 관련된 사회적가치를 확인하고 구현하기 위한 접근방법을 설명한다.

배성기 옮김
사회적 가치 연구소 / 290페이지 / 21,000원

2018년 6월 출간

사회적기업 및 비영리법인의 공공부문 계약 입찰

지방계약분야는 사회·경제적 상황에 따라 빠르게 변화하는 분야이며, 많은 관련 법령과 하위 규정들이 있어 실무자들이 업무를 숙지하는 데 상대적으로 어려움을 겪는 분야이기도 합니다. 2018년도 매뉴얼은 계약시 고려해야 할 사회적 가치와 더불어 실무에서 주로 활용되는 유권해석, 판례 등을 중점적으로 수록하였습니다.

서울특별시 엮음
브릿지협동조합 / 350페이지 / 24,000원

2018년 6월 출간

한국민간위탁연구소는 공공서비스 관리 혁신을 통해
더 나은 정부, 더 나은 사회, 더 많은 사업기회를 만들어 갑니다.

T. 02-943-1941 F. 02-943-1948 E. kcomi@kcomi.re.kr H. www.kcomi.re.kr

도서출판
큰날개

큰날개는 급변하는 국내의 사회 환경 가운데에서 다양한 의견을 수렴하여 인간이 추구하는
더 높은 이상향을 향해 나아가고자 하는 바람을 추구하는 출판전문기업입니다.
특히 사회적으로 가치 있는 콘텐츠를 가진 사람이라면 누구나 책을 출간 할 수 있고,
원하는 독자층에 도달 할 수 있도록 도와주는 퍼블리싱 파트너(Publishing Partner)가 되고자 합니다.

T. 02-943-1947 F. 02-943-1948 H. bigwing.modoo.at